Actual Editora
Conjuntura Actual Editora, S. A.

Missão
Editar livros no domínio da Gestão e da Economia e tornar-se uma editora de referência nestas áreas. Ser reconhecida pela sua qualidade técnica, **actualidade** e relevância de conteúdos, imagem e *design* inovador.

Visão
Apostar na facilidade e compreensão de conceitos e ideias que contribuam para informar e formar estudantes, professores, gestores e todos os interessados, para que, através do seu contributo, participem na melhoria da sociedade e da gestão das empresas em Portugal e nos países de língua oficial portuguesa.

Estímulos
Encontrar novas edições interessantes e **actuais** para as necessidades e expectativas dos leitores das áreas de Economia e de Gestão. Investir na qualidade das traduções técnicas. Adequar o preço às necessidades do mercado. Oferecer um *design* de excelência e contemporâneo. Apresentar uma leitura fácil através de uma paginação estudada. Facilitar o acesso ao livro, por intermédio de vendas especiais, *website*, *marketing*, etc.
Transformar um livro técnico num produto atractivo. Produzir um livro acessível e que, pelas suas características, seja **actual** e inovador no mercado.

Cinco estratégias urgentes para o futuro

Actual Editora
Conjuntura Actual Editora, S. A.
Rua Luciano Cordeiro, 123 - 1º Esq.
1069-157 Lisboa
Portugal

TEL: (+351) 21 319 02 40
FAX: (+351) 21 319 02 49

Website: www.actualeditora.com

Título original: *Five Future Strategies You Need Right Now*
Copyright © 2008 The Boston Consulting Group, Inc.
Autor: George Stalk com John Butman
Edição original publicada por Harvard Business School Publishing Corporation
Publicado segundo contrato com Harvard Business School Press

Edição Actual Editora – Janeiro de 2010
Todos os direitos para a publicação desta obra em Portugal reservados
por Conjuntura Actual Editora, S. A.
Tradução: Mariana Beleza Tavares
Revisão: Marta Pereira da Silva e Vera César
Design da capa: Brill Design
Paginação: Guide – Artes Gráficas
Gráfica: Guide – Artes Gráficas
Depósito legal: 304663/10

Biblioteca Nacional de Portugal - Catalogação na Publicação
STALK, George

Cinco estratégias urgentes para o futuro (Conceitos actuais; 10)
ISBN: 978-989-8101-76-1

CDU 005

Nenhuma parte deste livro pode ser utilizada ou reproduzida, no todo ou em parte, por qualquer processo mecânico, fotográfico, electrónico ou de gravação, ou qualquer outra forma copiada, para uso público ou privado (além do uso legal como breve citação em artigos e críticas) sem autorização prévia por escrito da Conjuntura Actual Editora.

Este livro não pode ser emprestado, revendido, alugado ou estar disponível em qualquer forma comercial que não seja o seu actual formato sem o consentimento da sua editora.

Vendas especiais:
O presente livro está disponível com descontos especiais para compras de maior volume para grupos empresariais, associações, universidades, escolas de formação e outras entidades interessadas. Edições especiais, incluindo capa personalizada para grupos empresariais, podem ser encomendadas à editora. Para mais informações, contactar Conjuntura Actual Editora, S. A.

Saiba como localizar estratégias vencedoras
e implementá-las antes dos seus concorrentes

Cinco estratégias urgentes para o futuro

George Stalk
com
John Butman

www.actualeditora.com
Lisboa — Portugal

ÍNDICE

Introdução: as cinco estratégias	9
"Ginástica" da Cadeia de Abastecimento	15
A conjuntura emergente	16
A economia	19
As implicações estratégicas	22
Linhas de acção	25
Um pensamento final	30
Desviar-se das Economias de Escala	33
A conjuntura emergente	34
Espreitar para dentro da fábrica descartável	36
Da fábrica à estratégia descartável	38
Linhas de acção	41
Estabelecimento de Preços Dinâmico	43
A conjuntura emergente	44
O estabelecimento de preços dinâmico na Progressive	46
As implicações	50
A economia	51
Quem mais está a utilizar o estabelecimento de preços dinâmico?	52
Linhas de acção	53
Um pensamento final	55
Abraçar a Complexidade	57
A conjuntura emergente	58

Seduzir o grande gastador	59
Reduzir a ansiedade da complexidade	64
Especificar a melhor escolha	65
Procurar substituições	69
Um pensamento final	71

Largura de Banda Infinita 73
A conjuntura emergente 74
As implicações 76
Os desafios e a oportunidade 83
Linhas de acção 85

Conclusão: o prazo mais longo 89
Sinais vagos 89
Lista a ter em atenção 93
Alucinações 96
Um pensamento final: encontrar sinais vagos 99

Notas 103
Sobre os autores 105

INTRODUÇÃO: AS CINCO ESTRATÉGIAS

Haverá sempre temas importantes de negócios a ganhar forma no horizonte como nuvens em dias de tempestade, mas que ainda não são suficientemente fortes para exigir toda a sua atenção. No entanto, é precisamente este o melhor momento para se concentrar nestes temas e decidir se vale a pena investir mais recursos para os explorar. Precisamente agora. Ao fazê-lo, pode conquistar uma vantagem sobre os concorrentes que ainda não vislumbraram nada no horizonte ou que, caso o tenham feito, estão à espera de novos desenvolvimentos antes de agir. O perigo é que, se não olhar para a frente, essa neblina emergente pode transformar-se rapidamente em nuvens carregadas que lhe caem em cima antes sequer de ter movido um dedo, especialmente se um concorrente decidiu agir.

Leio com muita frequência nos jornais de negócios artigos sobre uma nova estratégia miraculosa que reforça a fortuna crescente de alguma empresa ou executivo e fico surpreendido com o quanto a história e as "notícias" se encontram ultrapassadas. Por exemplo, li recentemente um artigo sobre o milagre da produção flexível e de como a Chrysler, com o objectivo de reduzir custos, estaria a implementar um sistema que permitiria à empresa montar mais do que uma plataforma automóvel numa única linha de montagem.

Milagre? Sim. Novo? Não. Há mais de 25 anos, em 1981, a Mazda abriu a sua fábrica em Hofu nos arredores de Hiroshima, Japão. A fábrica estava desenhada para suportar até oito plataformas. Eu sei isso. Estava lá.

O tempo começou a ganhar visibilidade como uma arma competitiva para os fabricantes no final da década de 1970, mas ainda está a ser "descoberto" como se tivesse sido inventado ontem.

Muita inovação de estratégia acontece assim – sinais vagos que vão ganhando força até que, anos depois, ao aparecerem na *BusinessWeek* ou no *Wall Street Journal*, se tornam lugares-comuns. Foi o que aconteceu com estratégias baseadas em experiência, custo, impasses e novos aspectos económicos da informação.

O difícil é descobrir quais os assuntos estratégicos emergentes que, por conterem oportunidades suficientes ou ameaças significativas, merecem atenção agora. É nesta questão que espero ajudar.

Eu e os meus colegas temos o hábito de manter "pastas abertas" – um repositório de informação relevante acerca de algum tema ou questão interessante – às quais adicionamos novo material à medida que este se vai tornando disponível. Na maioria das vezes, o tema capta a nossa atenção como um "sinal vago", mas que se torna gradualmente mais distinto com o preenchimento da pasta.

Por vezes um cliente irá pedir ajuda relativamente a uma das nossas pastas abertas. Por exemplo, a pasta da flexibilidade da cadeia de abastecimento surgiu quando um cliente foi abordado pela FastShip, Inc., que procurava financiamento para desenvolver navios de contentores de propulsão a jacto. A nossa investigação em torno deste conceito completamente novo revelou os problemas iminentes de desequilíbrios na procura e na capacidade dos navios de contentores. Esta pasta aumentou rapidamente.

Tenho três categorias de pastas abertas:

1. **Sinais vagos:** temas que, provavelmente, se tornarão estratégias mas que, até agora, mostraram apenas poucos sinais e muito ténues. Ainda precisam de muito desenvolvimento.

2. **Lista a ter em atenção:** potenciais estratégias onde as fontes de vantagem competitiva não são completamente evidentes.

3. **Alucinações:** temas provocadores que estão tão distantes que podem nunca se materializar ou, pelo menos, não nesta vida.

As cinco estratégias que vou analisar nesta obra começaram todas como sinais vagos. No entanto, as pastas estão agora suficientemente preenchidas para que as fontes de vantagem competitiva sejam não só totalmente evidentes, mas também inegáveis:

- **"Ginástica" da cadeia de abastecimento:** não, não me estou a referir aos esforços continuados para diminuir custos através de *outsourcing* ou de deslocalização, ou mesmo à perspectiva de pressão sobre os mercados mundiais efectuada por concorrentes sedeados na China. Refiro-me ao problema cada vez mais complicado de gerir a sua cadeia de abastecimento quando esta inclui fornecedores e parceiros na Ásia, especialmente na China, e de como isto afecta a sua estratégia. Qual é o problema? É a grande disparidade entre a procura de transporte marítimo, e as capacidades ligadas à logística, e a oferta disponível. Existe uma possibilidade bastante real de os seus bens e componentes serem apanhados num "remoinho" que lhe pode custar tempo, dinheiro, quota de mercado e oportunidade. Se conseguir remar contra a maré enquanto os seus concorrentes tentam manter-se sobre a água, terá uma importante vantagem competitiva à sua espera.

- **Desviar-se das economias de escala:** embora as empresas acreditem há muito, e correctamente, que a adopção de economias de escala é o caminho seguro para um maior volume e lucros mais elevados, as empresas em países em vias de desenvolvimento têm explorado novas abordagens à produção em massa que não requerem acesso a capital ou tecnologia. A fábrica "descartável", como lhe chamo, é uma instalação dedicada a um só produto e de trabalho intensivo, concebida para a produção em massa temporária com elevada produtividade a baixos custos. À medida que os mercados se tornam menos previsíveis e o ciclo de vida do produto, e mesmo do negócio, diminuem, a "descartabilidade" pode ser um modelo eficaz, mesmo para as empresas que poderiam optar por um rumo mais tradicional.

- **Estabelecimento de preços dinâmico:** a maioria das empresas tem sido muito diligente na melhoria do seu modo de estabelecimento de preços através de "boas práticas de higiene", como aumentar listas de preços para corresponderem às dos concorrentes, aplicar taxas especiais a encomendas personalizadas, gerir activamente os preços por consumidor, entre outras. Estas práticas produziram resultados positivos e têm de ser continuadas. No entanto, o próximo passo é procurar o estabelecimento de preços dinâmico, em que a empresa faz corresponder o custo do produto ou do serviço à necessidade imediata, sentida ao segundo pelo consumidor que os deseja adquirir e utilizar.

- **Abraçar a complexidade:** a "simplificação" é o lema de muitas empresas, especialmente depois de o negócio atingir um pico de proliferação do modelo e complicação de características que afastou os consumidores e colocou "pesos" desnecessários sobre os produtores. Mas agora estamos a testemunhar quatro realidades através das quais as empresas podem atrair consumidores que estão na realidade à procura de um maior nível de complexidade. Esta complexidade representa uma oportunidade de aumento da quota e lucros mais elevados. Essas realidades são: consumidores gastadores, ferramentas de redução da ansiedade da complexidade, satisfção de especificações e motores de busca.

- **Largura de banda infinita:** ainda não estamos lá, mas não vai demorar muito até que vivamos num mundo em que, sem esforço, as empresas possam receber qualquer volume de informação que queiram, sob qualquer forma, a qualquer hora e lugar e a custo zero. Quando este mundo se materializar (ou talvez devesse dizer "desmaterializar"), algumas empresas irão estar prontas para retirar vantagens dos seus recém-descobertos poder e capacidade, outras não. Há três áreas importantes nas quais a largura de banda infinita pode criar uma vantagem competitiva: aumento da eficiência operacional, criação de novos modelos de negócios e desenvolvimento de negócios totalmente novos.

Estas questões podem parecer-lhe ainda sinais vagos. Mas tal como alguns temas emergentes dos últimos 50 anos – incluindo as estratégias mencionadas –, é provável que, quando der por elas, já estejam nas primeiras páginas dos jornais de negócios.

Em *Cinco estratégias urgentes para o futuro*, ofereço uma introdução importante a cada um destes temas emergentes, bem como sugestões para os transformar numa vantagem competitiva.

"GINÁSTICA" DA CADEIA DE ABASTECIMENTO

Nos últimos anos, tenho assistido a várias empresas a tornarem-se altamente especializadas a fazer aquilo a que chamo de *"ginástica" da cadeia de abastecimento* – *outsourcing*, subcontratação, parcerias, deslocalização, *bestshoring** e tudo o resto, principalmente na China. Hoje muitas empresas, ao abastecerem mais de metade dos seus produtos na Ásia, têm vindo a diminuir os seus custos, a aumentar os lucros e a construir quota de mercado.

Existe, no entanto, um assunto emergente no processo que ameaça colocar em risco todos os benefícios que as empresas conquistaram (e que ainda estão a conquistar) através dos seus esforços da cadeia de abastecimento. Refiro-me à questão das infra-estruturas de apoio à expedição de mercadorias e frete de navios na Costa Oeste dos Estados Unidos e Europa Ocidental.

Em resumo, o problema é que o grande aumento de mercadorias que chegam à costa norte-americana, provenientes da China e de toda a Ásia, pode facilmente esgotar as infra-estruturas que as recebem e distribuem. Uma única previsão revela a dimensão do problema: os portos da Costa Oeste dos Estados Unidos vão atingir a sua capacidade combinada de carga e descarga de contentores já em 2010.

O fenómeno, que designo por "remoinho da China", vai sugar as poupanças que as empresas julgam estar a conseguir através do abastecimento naquele país, ao acrescentar, de forma acentuada, novos custos difíceis de antecipar e de contornar. Eu refiro-me à China, mas

---

* **N. T.** Processo de identificar a melhor localização para movimentar a produção para outro país, tendo em conta todos os custos e benefícios da operação e não apenas os salários mais baixos.

também podia falar do Vietname, da Tailândia ou da Coreia. Acontece que, neste momento, são as importações da China que estão no centro da "tempestade".

Pode pensar que este é um assunto simples e limitado à expedição e distribuição, mas o problema é suficientemente sério para ter implicações graves na forma como conduz o negócio e nas estratégias que adopta. Como vamos ver, a cadeia de abastecimento e a estratégia estão intrinsecamente ligadas.

Muitas empresas com que trabalho estão conscientes de partes do problema e têm vindo a preparar-se para o aumento da pressão sobre o sistema – aumentam as existências, aceitam prazos de entrega mais longos e redobram esforços para fazer previsões de forma mais precisa. Outras transferiram a expedição de muitos dos seus produtos para o transporte aéreo, aumentando os preços quando possível de modo a absorver os custos acrescidos. Lamento dizer que, por mais úteis que estes esforços sejam, não são suficientes para evitar o problema e podem mesmo, em alguns casos, agravar a situação.

A conjuntura emergente

As empresas que se abastecem de produtos fabricados na China (e os nossos dados mostram-nos que a maior parte das que incluem a lista *Fortune 1000*[*] se encaixa nesta descrição) fazem-no acima de tudo pelos atractivos custos de produção. Na sua maior parte, os esforços têm vindo a compensar e as empresas têm assistido a uma diminuição dos custos (para a qual contribuiu a queda regular dos custos de logística do transporte transoceânico) e a um aumento das margens de lucro. Contudo, as vantagens em termos de custos são agora mais

---

[*] **N. T.** Lista das mil maiores empresas norte-americanas, divulgada pela revista de negócios *Fortune*.

difíceis de conseguir. As empresas chegaram a um ponto em que sobra pouco custo para ser "espremido" no processo de expedição transoceânica. Na realidade, os custos transoceânicos representam agora geralmente apenas um por cento do preço de retalho.

As empresas poderiam ter continuado a fazer *surf* nesta onda e a "espremer" mais uns trocos dos custos transoceânicos, à medida que maiores navios eram trazidos para a frota e os processos de descarga se tornavam mais eficientes, se a onda não tivesse continuado a crescer. A primeira indicação séria de problemas foi a paralisação de oito dias dos estivadores em 2002, que encerrou os portos da Costa Oeste dos EUA. Depois disso, no Outono de 2004, as operações nos portos de Los Angeles/Long Beach, por onde entram nos Estados Unidos cerca de 40 por cento dos contentores da Ásia, quase tiveram de parar quando os sistemas envolvidos (portos de abrigo, gruas, camiões e comboios) foram incapazes de acompanhar o súbito aumento da chegada de contentores. Quase uma centena de navios ficaram ao largo à espera de poder ancorar e depois permaneceram vários dias na doca antes de poderem ser descarregados. Estimo que estes atrasos nas descargas das mercadorias cheguem a custar a algumas empresas cinco cêntimos por acção.

Todos se concentraram na mensagem óbvia da greve – o quanto a economia norte-americana se tornou dependente das importações da China – mas prestaram menos atenção ao problema de base: as infra-estruturas de expedição marítima (e ferroviária) da Costa Oeste dos Estados Unidos estão sobrecarregadas. Os norte-americanos também deviam ter aprendido o quanto são dependentes de uma pequena quantidade de portos, como as operações desses portos podem entrar em ruptura e o grande impacto que essa ruptura pode ter.

Desde a greve que os problemas de infra-estruturas se têm tornado cada vez mais evidentes nas operações do dia-a-dia para a maior parte das empresas. Cada vez mais carregamentos marítimos chegam depois do prazo aos centros de distribuição. Os colaboradores das áreas de logística e do *marketing* encomendam quantidades cada vez maiores de existências para protegerem a empresa contra uma ruptura de *stocks*. No entanto, esta ruptura continua. Foram acrescentadas semanas ao ciclo de aprovisionamento. E as empresas descobrem com muita frequência que têm de baixar o preço das mercadorias em excesso para as conseguir escoar. As empresas geralmente conseguem localizar estes custos, mas raramente conseguem localizar os lucros perdidos por não terem as mercadorias que podiam ter vendido se o sistema logístico tivesse dado resposta.

E a situação irá piorar.

A quantidade de produtos que chegam em contentores provenientes da Ásia, especialmente da China, acelerou rapidamente nos últimos anos e está a crescer tão depressa – nove a 12 por cento ao ano – que mesmo a maior frota de navios-contentores do mundo não consegue acompanhar esta subida. De facto, a vaga crescente de contentores a chegarem aos Estados Unidos é equivalente à movimentação do porto de Vancouver durante um ano (um milhão e meio de contentores).

O resultado, conforme referi no início, é que os portos da Costa Oeste dos EUA irão atingir o limite e podem esgotar a capacidade de gestão de contentores em 2010. Entretanto, a China está a melhorar a sua capacidade de encher navios de mercadorias. Ao longo dos próximos anos, serão construídas na China cerca de uma centena de novas docas para carregamento de contentores, cada uma com uma capacidade de carga de cerca de 250 mil contentores por ano.

Os operadores dos portos norte-americanos dizem que compreendem o desafio e prometeram aumentar a sua capacidade portuária. No entanto, só existem duas maneiras de o fazer e ambas apresentam problemas. A primeira é aumentar a zona da doca, mas uma expansão significativa terá provavelmente a oposição das comunidades em que os portos operam e os seus protestos poderão causar grandes adiamentos ou mesmo impedir a expansão dos portos. (Devo ser a única pessoa à face da Terra que vê beleza nos portos!) A outra forma de aumentar a capacidade seria aumentar a produtividade, mas para o fazer teria de haver progressos na gestão das relações laborais, muito improváveis devido a um longo historial de discórdia.

Mas mesmo o aumento da capacidade dos portos através de qualquer um destes métodos iria apenas adiar o "dia do juízo final" entre três a cinco anos, dada a taxa de crescimento da entrada de contentores oriundos da Ásia. Se os portos pudessem adoptar ambas as medidas – expandir o espaço *e* melhorar a produtividade – o triste dia poderia ser adiado, no máximo, oito a nove anos.

Outra forma de aliviar a pressão seria desenvolver outros portos, de momento subaproveitados, ou construir novos de raiz. Mas mesmo no melhor dos cenários, o aumento significativo da capacidade destes portos poderia não ser suficiente por muitos anos e até tornar-se inadequado para as necessidades crescentes.

Por isso, pelo menos na próxima década, vamos estar a remar contra a maré.

A economia

De que forma esta situação afecta a economia da cadeia de abastecimento chinesa e a estratégia de exploração da mesma?

Primeiro, é importante compreender que cada cadeia de abastecimento envolve dois tipos de lucro – contabilístico e económico – e três tipos de custos – directos, indirectos e ocultos. À medida que a cadeia de abastecimento se torna mais longa, complexa e envolve mais tempo, os custos directos, indirectos e ocultos proliferam e a sua magnitude aumenta. Isto faz com que o lucro contabilístico e o lucro económico divirjam.

Geralmente, os custos directos e indirectos associados a uma cadeia de abastecimento podem situar-se entre quatro a oito por cento do custo de retalho de cada artigo. Os custos directos englobam a expedição; a carga e descarga dos contentores nas duas margens do oceano; e o armazenamento, o manuseamento e o aprovisionamento de existências. Os custos indirectos incluem os seguros e o financiamento global. Apesar de estes custos variarem, e serem maiores ou menores conforme a dimensão e a complexidade da cadeia, são relativamente fáceis de identificar.

Os verdadeiros problemas são os custos ocultos da cadeia de abastecimento. O mais importante é a margem bruta que uma empresa perde quando não tem em *stock* um produto que se está a vender. (A margem bruta varia entre 40 a 60 por cento do preço de venda ao público). Isto pode acontecer quando o produto está à espera de ser descarregado de um navio, colocado num contentor, nos carris de uma linha ferroviária ou ainda não foi encomendado para fazer face às alterações na procura do mercado. Esta circunstância reduz o lucro económico, apesar de o lucro contabilístico ainda poder parecer positivo.

Não ter produto para vender é o custo oculto mais prejudicial, mas ter muito *stock* de um produto que *não* vende surge imediatamente em segundo lugar. Os custos registados de excesso de existências são em média de dez a 20 por cento do preço de venda ao público.

Uma empresa que consegue evitar as margens perdidas por ruptura ou excesso de *stocks* obtém maiores receitas do que uma que não o faz. É capital que pode ser utilizado para conquistar uma vantagem estratégica através de outros investimentos no negócio.

No entanto, em muitas empresas os gestores acreditam que estes problemas resultam mais de erros nas previsões do que de flutuações na cadeia de abastecimento. Quando os níveis de existências não estão optimizados, a resposta da gestão é tentar prever ainda com um maior prazo – prever a procura e tentar bloquear as encomendas com a maior antecedência possível. Mas as flutuações na cadeia de abastecimento só aumentam quando a duração do processo se alarga, pelo que uma previsão com um maior prazo pode ser menos precisa e afectar de modo ainda mais grave a dinâmica do sistema.

Outro custo oculto – que não é provocado pelas flutuações na cadeia de abastecimento, mas que é agravado pelas mesmas – é a despesa de encontrar e retirar *stock* defeituoso da cadeia de abastecimento. Leva tempo detectar a causa de um problema de qualidade, determinar como o corrigir e fazer os devidos ajustes na produção. As mercadorias com problemas continuam a entrar na cadeia durante o tempo que leva a concretizar o seu trabalho de "detective". Além dos custos associados a encontrar e corrigir os produtos com defeito, existem também os custos adicionais de produzir novos bens para responder a encomendas anteriores e substituir as mercadorias com problemas por novos produtos ao longo da cadeia.

Por fim, as flutuações na cadeia de abastecimento podem afectar a sua empresa – mesmo que esta seja capaz de manter níveis de existências óptimos – se operar numa categoria de bens na qual outras empresas trabalham com cadeias de abastecimento longas. É provável que uma ou mais dessas empresas não sejam tão habilidosas na gestão da sua cadeia de abastecimento e tenham demasiado ou pouco *stock*. Se houver pouco *stock* na sua categoria, pode ser pressionado para produzir mais oferta rapidamente. Se houver muito, a sua empresa pode dar por si no meio de uma batalha de preços. Por isso, mesmo que seja incrivelmente preciso na sua previsão, as flutuações na cadeia de abastecimento ainda podem causar problemas.

Não há onde se esconder.

As implicações estratégicas

Agora que o abastecimento na Ásia é prática corrente nos negócios, a questão que se coloca, mais do que a origem dos produtos, é como gerir da melhor maneira a cadeia de abastecimento, em particular os custos ocultos e os lucros perdidos. Fiz simulações complexas de comparação de cadeias de abastecimento baseadas na China *versus* cadeias de abastecimento nacionais e descobri que a maior parte das empresas, na maioria das categorias, pode conquistar vantagens de custos sobre os concorrentes em qualquer um dos casos. (Embora refira a China, uma vez mais esta conclusão é aplicável a qualquer cadeia de abastecimento que inclua componentes distantes.)

A solução é gerir a informação; e quanto mais longa e sofisticada for a cadeia, mais importante se torna a integração da informação.

Defino três níveis de gestão da cadeia de abastecimento:

- **A cadeia de abastecimento *não-integrada*:** neste tipo de cadeia, cada etapa anterior obtém informação sobre a procura na etapa seguinte. As flutuações são difíceis de se ver, gerir e alterar. Geralmente, a gestão toma conhecimento de casos de excesso e falta de *stocks* ou produtos com defeito através do elo final da cadeia – o retalhista. Isto significa que é preciso muito tempo para corrigir um problema.

- **A cadeia de abastecimento *semi-integrada*:** nesta cadeia, cada etapa obtém informação sobre a procura do seu cliente duas etapas abaixo – geralmente de um ou mais centros de distribuição de cada lado do oceano. As flutuações são mais evidentes e podem ser geridas mais facilmente. Mas corrigir um problema pode ainda exigir mais tempo do que deveria ou poderia.

- **A cadeia de abastecimento *integrada*:** numa cadeia com um elevado nível de sofisticação, cada etapa tem uma visão global da procura do consumidor final. As flutuações são quase imediatamente evidentes e as empresas podem dar uma resposta mais fácil e rápida.

A vantagem que se conquista com a deslocação de um nível para outro transforma a "ginástica" da cadeia de abastecimento num desporto de equipa. Vamos supor, por exemplo, que a Empresa A passa de uma estratégia de abastecimento nacional para uma com base na China, não-integrada. A gestão descobre rapidamente as dificuldades de gerir uma cadeia de abastecimento não-integrada e avança para um estado semi-integrado. A sua margem operacional melhora.

Com os seus custos reduzidos, a Empresa A decide diminuir o preço de retalho por unidade de modo a conquistar quota ao seu principal concorrente, a Empresa B, que opera numa cadeia de abastecimento nacional. A Empresa B opta por defender a sua quota de mercado, igualando a redução de preço da Empresa A, apesar de este corte transformar a sua margem operacional numa perda por unidade.

Depois de deixar a Empresa B a sofrer um pouco, a Empresa A decide que tem margem suficiente para reduzir de novo o seu preço por unidade. É óbvio que a margem vai diminuir, mas a empresa ainda terá lucro em cada unidade devido à sua combinação de baixo custo unitário e ao fluxo de informação semi-integrada.

Estes jogos poderiam continuar indefinidamente. A Empresa B poderia recuperar a sua vantagem se conseguisse integrar na totalidade o seu fluxo de informação e cortar a duração do ciclo para metade (o que, convenhamos, é um grande *se* para muitas empresas). Com esta capacidade de resposta, a cadeia de abastecimento nacional da Empresa B teria a quantidade de existências adequada e a sua margem operacional iria aumentar. A combinação de informação integrada com um ciclo de duração reduzido dar-lhe-ia vantagem sobre a Empresa A, sobrecarregada com uma cadeia de abastecimento semi-integrada e um ciclo de maior duração. A Empresa B obteria lucro em cada unidade.

É evidente que a Empresa A poderia retaliar e integrar por inteiro a cadeia de abastecimento baseada na China e cortar o ciclo para metade e, desta forma, recuperar vantagem graças ao baixo custo por unidade.

Talvez. O "remoinho da China" introduz no jogo uma dinâmica totalmente nova. Na maioria dos casos, a duração do ciclo das cadeias de abastecimento baseadas na China está a aumentar e não a diminuir. Se aumentasse de 11 para 18 semanas, como aconteceu com alguns retalhistas e produtores de bens duradouros, as cadeias com base na China sofreriam um declínio na margem operacional, com um aumento do número de rupturas ou excessos de *stock*, enquanto as cadeias nacionais com níveis mais elevados de sofisticação estariam ainda a obter lucro.

Isto não é tudo. Além de a duração do ciclo de transporte marítimo (da China para Chicago, por exemplo) estar a aumentar, também as flutuações estão a crescer. Cerca de 50 por cento dos contentores de uma empresa de transporte marítimo são descarregados com uma semana de atraso e estas entregas são vistas (pelo menos pelas transportadoras) como tendo sido feitas dentro do prazo. Já o prazo da entrega dos restantes 50 por cento é ainda menos previsível!

Se o prazo de entrega definido de 18 semanas pode variar seis semanas aleatoriamente para mais ou para menos, a empresa com a cadeia de abastecimento semi-integrada com base na China irá perder margem operacional. Isto significa que é possível para uma cadeia de abastecimento nacional, com fluxos de informação integrados e ciclos com menor duração, fazer melhor do que uma cadeia baseada na China, apesar de, neste país, o custo unitário de produção ser mais baixo.

A questão já não passa por onde se abastece. Trata-se de o fazer o melhor possível.

Linhas de acção

Que acções deve realizar para se tornar tão eficiente quanto possível?
Primeiro, avalie as suas operações e processos. Recomendo os seguintes passos para as partes do seu negócio que actualmente não se estão a abastecer na China ou na Ásia:

- Reduzir as encomendas às quantidades mínimas e diminuir a duração do ciclo tanto e tão rapidamente quanto possível.

- Restringir o abastecimento e a produção na China até que compreenda por inteiro a dinâmica das cadeias de abastecimento.

- Criar um fluxo de informação integrada ou semi-integrada ao longo da cadeia de abastecimento existente na empresa.

- Efectuar análises exaustivas às práticas de compra e à gestão das relações com fornecedores em todos os níveis da cadeia, de modo a identificar as áreas onde os custos ocultos podem aumentar e assim evitar essa situação.

- Separar os fluxos de encomendas pela cadeia de abastecimento, com base na previsibilidade das mesmas e volatilidade da procura, de modo a que os componentes com margens brutas mais elevadas e procura mais volátil tenham uma entrega mais rápida.

Em resumo, seja mais eficaz a nível operacional do que os seus concorrentes na gestão do fornecimento e da cadeia de abastecimento. Não o faça tão bem como eles. Faça-o muito melhor. Retire vantagens competitivas.

Para aquelas partes do seu negócio que actualmente se abastecem ou têm a sua produção na China, deve explorar alternativas que minimizem os efeitos adversos da cadeia de abastecimento, incluindo opções que, à primeira vista, são mais dispendiosas mas que podem resultar em preços mais baixos. Por exemplo:

- Utilizar o frete aéreo para os produtos com as margens mais elevadas e maior volatilidade. O frete aéreo pode ser quatro a seis vezes mais caro do que o marítimo; no entanto, estes custos são menores do que os de ruptura ou excesso de *stock*. Se tiver uma estratégia agressiva, pode negociar o transporte às melhores taxas, forçando os seus concorrentes a incorrerem em custos mais elevados e a recorrerem a um mercado mais limitado.

- Insistir no transporte marítimo directo. De modo a reduzir custos, as empresas de transporte marítimo estão a estabelecer rotas de transporte de contentores cada vez mais longas obrigando os navios a fazer paragens em vários portos. Expedir os seus produtos num navio em que o porto onde estes devem ficar é o destino final da rota pode levar a um aumento de semanas – e a uma grande variação – do tempo em que o navio está em trânsito. Procure os horários que permitem que as suas mercadorias sejam as últimas a ser carregadas e as primeiras a ser descarregadas. Deixe que sejam os seus concorrentes a usufruir dos melhores preços nos "navios lentos da China".

- Desenvolver melhores relações com as transportadoras. Isto pode significar a identificação de oportunidades para acelerar o transporte dos bens, como pagar a estivadores e distribuidores para obter tratamento preferencial. Poderá, por exemplo, oferecer um prémio a um estivador que carregue as suas mercadorias para o navio em último lugar e as descarregue em primeiro. Outra opção é trabalhar com as poucas empresas de transporte marítimo capazes de descarregar contentores directamente nos vagões dos comboios que trabalham numa base expresso – que retiram dias e por vezes semanas à cadeia de abastecimento. Mais uma vez, antecipe-se aos seus concorrentes.

Todas estas medidas requerem investimento em uma de duas formas: prémios ou capacidades. Os prémios exigem pagamentos adicionais para usufruir de um melhor desempenho e tratamento preferencial em terra, mar, ar e em serviços portuários. As empresas podem obter bons resultados ao levar os fornecedores a competir pelo melhor serviço em troca de prémios.

Os investimentos em capacidades tendem a ser um bom negócio, mas são de identificação e implementação mais difícil. Incluem:

- Acelerar o fluxo e a interpretação da informação.

- Desenvolver *designs* que permitam que a última parte da produção aconteça perto do ponto da procura final, minimizando o tempo e os custos das cadeias de abastecimento mais longas.

- Aprender como adquirir, produzir, lançar e distribuir produtos de forma mais eficaz.

- Explorar novos conceitos de transporte mais rápido com intermediários, companhias marítimas, ferroviárias e rodoviárias.

Identificar estas oportunidades de investimento estratégico implica investigação e análise exaustiva dos custos, receitas e margens perdidas na totalidade da cadeia de abastecimento. Tem de perguntar: "E se?" E tem de explorar bem cada resposta antes de decidir que o investimento adicional em prémios ou capacidades não consegue proporcionar mais melhorias. Precisa de estar particularmente atento aos efeitos do sistema, subtis mas importantes, de como investir numa parte da cadeia pode influenciar o desempenho da outra.

Informação é poder e é preciso investir em informação. Aqui estão seis etapas relacionadas com informação que pode percorrer para obter melhorias na cadeia de abastecimento:

- Estimar a dimensão do prémio e certificar-se de que considerou todas as opções viáveis (incluindo o México e, no caso da Europa Ocidental, a Europa de Leste). Como irão as ideias analisadas nesta pequena obra resultar em diferentes contextos? Quais são as suas situações particulares: Elevada volatilidade? Ciclos de moda rápidos? Personalização? Produção distribuída?

- "Passar tudo a pente fino." Descobrir o que está a acontecer e porquê, passo a passo, desde o cliente até ao início da cadeia de abastecimento.

- Concentrar-se em melhorar, de forma eficaz, a capacidade de resposta e a fiabilidade dos participantes-chave na cadeia de abastecimento. Por vezes, simples mudanças nos procedimentos podem ter grandes implicações.

- Identificar e avaliar as mudanças necessárias, na organização e ao longo da cadeia de abastecimento, para aproveitar oportunidades. As empresas raramente estão organizadas para fazer as mudanças, em todas as funções, que causam verdadeiro impacto no desempenho da cadeia de abastecimento. Por exemplo, a equipa de compras de uma empresa adquiriu partes de um *design* específico a fornecedores de três países; escolha feita apenas com base nos custos unitários de produção e sem prestar atenção ao impacto que a decisão tinha no sistema. O resultado foram rupturas de produção frequentes e custos adicionais com transportes aéreos de emergência.

- Fazer a informação chegar ao topo da empresa. É preciso empreender esforços para colocar o problema na lista de prioridades da liderança da empresa, caso contrário qualquer diligência será em vão. A melhoria eficaz do desempenho da cadeia de abastecimento, como o de qualquer actividade que afecte a estratégia, não pode acontecer sem o aval da liderança. De outra forma, os parâmetros de desempenho da organização – concentrados e de curto prazo – irão impedir que se continuem os esforços.

- Empreender esforços de melhoria nos planos e orçamentos operacionais em toda a empresa. Algumas organizações estabelecem simplesmente objectivos de desempenho flexíveis e deixam as unidades de negócio esforçar-se na procura de soluções. O método é assustador, mas pode ser muito eficaz.

Em geral, e de grande importância, a sua estratégia tem de corresponder à sua abordagem em relação à cadeia de abastecimento. Uma empresa que decide não se abastecer na China, enquanto o seu concorrente o faz, pode contornar a vantagem de custo directo do rival ao fazer aumentar a desvantagem deste em termos de logística. Por exemplo: e se a empresa com uma cadeia de abastecimento nacional for capaz de aumentar o nível de personalização desejado pelos clientes ou o quociente de moda – maior variedade e mais períodos de venda – em alguma categoria do negócio? Nesse caso, a volatilidade da procura de alguns produtos aumenta e o concorrente com base na China, com os seus prazos mais alargados, pode ver os seus problemas de logística agravados.

As empresas com cadeias de abastecimento que possuem vantagens a nível de tempo podem também considerar vendas à consignação, solicitando aos seus clientes grossistas que paguem apenas quando venderem os produtos. Para dar resposta a esta oferta atractiva para os clientes, os concorrentes com uma cadeia de abastecimento mais longa têm de incorrer em custos mais elevados para ficarem com mais existências.

―――― *Um pensamento final* ――――

Os problemas actuais de abastecimento na China resultam numa barreira comercial não-tarifária. Na realidade, a melhor estratégia para os proteccionistas pode não se basear em quotas ou tarifas, mas no apoio aos ambientalistas de modo a impedir a expansão portuária.

Conforme referi, é mais provável que a situação piore do que melhore. Os políticos dos Estados Unidos e do Canadá irão vacilar e debater até que os acontecimentos mundiais os ultrapassem e as opções para aliviar o congestionamento dos portos desapareçam.

As empresas farão o que puderem – e sugiro uma série de abordagens nesta obra – mas uma única entidade pode fazer muito pouco para resolver o problema mais abrangente. Uma China cada vez mais frustrada, que é quem tem mais a perder com esta barreira comercial, pode tomar uma medida decisiva como desenvolver um porto na costa ocidental do México. Qualquer um destes esforços pode levar anos a surtir efeito, mas a possibilidade é bem real.

Se a sua empresa está a operar e a vender a partir da Europa e da América do Norte, não será fácil corrigir esta situação. Vencer vai exigir criatividade e um conhecimento profundo do comportamento do consumidor, bem como opções segmentadas, análises de custos detalhadas, investimento numa parte da cadeia de abastecimento para melhorar o desempenho das outras (vários membros da sua organização irão, sem dúvida, reclamar bem alto) e praticar um tipo de gestão que muitas equipas de executivos considerariam uma experiência extra--sensorial. O problema é demasiado grave e acredito que haja por aí alguém a esforçar-se para resolver a situação.

Incito-o a ser esse alguém.

DESVIAR-SE DAS ECONOMIAS DE ESCALA

Vamos supor que o seu negócio está a correr bem. A sua empresa está a crescer e na expectativa de um crescimento ainda maior à medida que lança cada vez mais produtos e serviços. Muitas das suas novas ofertas proporcionam margens elevadas.

Mas, mesmo assim, o que tem este quadro de errado?

A sua capacidade para prever, de forma exacta, a procura de novos produtos ou serviços é, numa palavra, terrível. Os seus colaboradores dizem-lhe: "Sobrestimamos a procura com tanta frequência como a subestimamos, em especial nos primeiros anos do ciclo de vida de um produto. Algumas das nossas ofertas resistem durante um período de tempo incrível e dão-nos muito tempo para amortizar o nosso investimento. Outras florescem rapidamente, mas esmorecem à mesma velocidade. Depois somos deixados com equipamento e pessoas em excesso que podem ser difíceis de realocar."

Felizmente, os seus concorrentes não são melhores a prever ou a utilizar de forma eficaz os recursos e, por isso, se encontrar uma forma segura de criar maior flexibilidade, pode ter uma hipótese de obter uma vantagem competitiva. Infelizmente, pode sentir-se frustrado nessa procura devido à sua crença no poder das economias de escala. A crença de que "quanto maior, melhor" – de que a escala significa automaticamente baixos custos – está disseminada entre os estrategos. Mas, à medida que os mercados actuais se tornam cada vez mais voláteis e difíceis de prever, muitos líderes de negócios estão a reexaminar os seus pressupostos sobre os benefícios da escala.

Há outro caminho para baixar os custos globais e evitar os passos em falso que surgem de uma previsão danosa: a fábrica descartável.

Ao escolher entre modos de produção artesanais, em série ou em massa, uma empresa tem de pesar o valor da escala em oposição à possibilidade de escassez dos mercados. Como nos podemos certificar de que uma determinada quantidade do produto X vai encontrar um mercado em determinado período Y? À medida que aumenta a taxa esperada de produção rentável, a resposta desloca-se da pequena escala e da produção artesanal para a produção em série e, por último, em massa.

As fábricas descartáveis proporcionam meios de baixo risco para entrar e sair de mercados que se alteram rapidamente. Oferecem flexibilidade de investimento através da inflexibilidade da produção.

Nesta obra, vou mostrar como empresas de determinados sectores (produção e também serviços) estão a beneficiar da mentalidade da fábrica descartável. E vou oferecer sugestões para maximizar o valor estratégico desta abordagem para além da produção.

Veremos que, por vezes, vale a pena pensar em pequeno.

A conjuntura emergente

A crença no poder das economias de escala pode ser especialmente frustrante em mercados altamente voláteis e difíceis de prever – e há uma série de provas que demonstram que muitos mercados encaixam nesta descrição. As previsões de procura para uma nova farmacêutica podem facilmente oscilar entre -75 e +300 por cento nos primeiros dois anos após a entrada no mercado. Os ciclos de vida dos produtos estão a diminuir de forma acentuada: o tempo médio de vida da estrutura de um automóvel novo caiu de oito anos, há duas décadas, para os actuais quatro anos. O tempo de vida de um telemóvel diminuiu de 22 meses, há seis anos, para 16 meses. E o tempo médio de vida "actualizada" de um computador pessoal passou de quatro anos para um.

Como é óbvio, a pior forma de volatilidade acontece quando um novo produto ou serviço é um fiasco. Estima-se que dos 30 mil produtos lançados todos os anos, 90 por cento acabam por falhar. Investigação efectuada por alguns colegas meus revela que, para produtos com orçamentos de lançamento superiores a 25 milhões de dólares, apenas 20 por cento são considerados sucessos.

À medida que a volatilidade do mercado foi aumentando, os executivos começaram a repensar os supostos benefícios da escala. Alguns começaram, claramente, a resistir-lhe. As novas tecnologias e métodos de gestão têm ajudado a impulsionar este fenómeno. Por exemplo, as tecnologias de informação têm reduzido substancialmente o tamanho da unidade de baixo custo de processamento de dados, permitindo que computadores de secretária suportem o mesmo volume de trabalho que era feito por uma unidade central. E a produção *just-in-time* (introduzida inicialmente no Japão) está a ajudar mais organizações a funcionar em fábricas mais pequenas do que as dos concorrentes. Estas fábricas mais pequenas apresentam ofertas de produto mais complexas com melhores níveis de qualidade e produtividade do que as grandes. Por exemplo, as instalações de escala mundial de montagem de automóveis passaram da produção de 200 mil unidades por ano para menos de 50 mil e os centros de programação e de robótica utilizados nestas instalações obtiveram mais trabalho proveniente do processo de produção, o que fez com que os custos por unidade diminuíssem ainda mais.

Entretanto, outro fenómeno que eu e os meus colegas designamos por *desconstrução* tem alertado os executivos para a existência de alternativas à escala. Historicamente, as empresas eram integradas na vertical para poderem gerir a informação necessária para fazer negócios. Quanto maior fosse o negócio verticalmente integrado em comparação com os seus concorrentes, mais baixos tendiam a ser os custos. Mas a questão da dimensão foi posta em causa com os avanços nas tecnologias de informação e a criação de mercados intermédios entre os pontos das cadeias de valor. Empresas verticalmente integradas em indústrias tão diversas como imprensa, computadores, telecomunicações, farmacêuticas e distribuição de electricidade desconstruíram-se a si mesmas.

Espreitar para dentro da fábrica descartável

A escala pode ser uma "faca de dois gumes" e a fábrica descartável pode ajudá-lo a não se cortar nela.

A fábrica descartável é uma operação de produção construída com o menor custo possível, com o objectivo principal de colocar um novo produto no mercado. Pode ter um custo de produção superior ao que teria se tivesse permitido que engenheiros e fornecedores construíssem as melhores instalações possíveis para ir ao encontro de uma hipotética procura. Mas, no geral, a penalização em custos é geralmente pequena e, por outro lado, obtém uma grande flexibilidade.

Por ser descartável, é fácil desfazer-se da operação se a procura de mercado não for a esperada. Se o mercado existir, pode igualmente abandonar a fábrica e substituí-la por outra, construída de forma a ter um custo tão baixo e tanta flexibilidade quanto o mercado lhe diz que tem de ter. A fábrica descartável é tão fácil de criar que pode poupar tempo e aplicá-lo para conhecer o mercado e reduzir o risco de capital de se sobrestimar a procura. Através desta combinação de receitas crescentes e custos reduzidos, pode ter a certeza que irá beneficiar de uma melhoria quantificável das suas receitas – e conquistar uma vantagem considerável sobre os seus concorrentes.

A fábrica descartável não é uma ideia nova. Tem sido, há muito, a abordagem preferida de indústrias orientadas para projectos onde há muita incerteza e grandes quantidades de produto que precisam de ser fabricadas rapidamente. Podem ver-se exemplos de fábricas descartáveis em muitos empreendimentos de elevado risco – cozinhas de campo em rodagens de filmes e campos de batalha, instalações temporárias colocadas junto de grandes empresas de engenharia e laboratórios de cocaína na selva. Mas os empresários sofisticados "torceram o nariz" a este género de situação pouco segura porque há muito que estão presos à doutrina da economia de escala.

Hoje, as empresas inteligentes estão também a ponderar o fabrico descartável numa grande variedade de indústrias baseadas em processos, como a química e a farmacêutica.

Uma grande empresa farmacêutica passou anos a construir uma posição significativa nos mercados globais para um ingrediente complexo, mas essa posição foi posta em causa por concorrentes com custos mais baixos, sedeados na China. Embora a empresa tivesse uma tecnologia de produção superior e mais experiência do que os concorrentes chineses, estava a perder quota de mercado.

As instalações da empresa farmacêutica eram altamente automatizadas e estavam preparadas para conseguir custos reduzidos com uma produção flexível e em larga escala. O equipamento custara centenas de milhares de dólares e tinha um ciclo de vida de 30 anos. A construção desta fábrica é o exemplo perfeito de uma aposta substancial na longevidade de uma categoria de produtos e na posição de uma empresa nessa mesma categoria.

Mas as empresas nas economias em rápido desenvolvimento – China, Índia, Rússia, Brasil, entre outras – não tiveram os luxos do capital e da tecnologia que tornam possível a produção em larga escala. Portanto, de modo a competirem, adaptaram-se aos desafios do mercado construindo fábricas pequenas, de trabalho intensivo, com um período de vida curto, desenhadas para produção em massa temporária e de baixo custo. Operam com uma capacidade fixa direccionada para um produto (e uma quantidade específica desse produto), em vez de procederem à adaptação da sua capacidade para produzirem uma variedade de tamanhos ou tipos de produto. Dito de outra forma, são construídas para satisfazer a procura do momento, não a prevista.

Uma instalação descartável chinesa pode ser construída com apenas 20 a 30 por cento do custo de uma fábrica típica nos Estados Unidos ou na Europa. Os componentes são simples e fornecidos localmente. Em vez de dependerem de equipamento controlado por computador e de monitorização de processos, as fábricas chinesas baseiam-se na inspecção visual efectuada pelos colaboradores, apoiada por mais inspecção visual por parte dos inspectores.

Estas fábricas podem ser construídas com uma rapidez extraordinária. Com técnicas de engenharia e de construção básicas, uma fábrica descartável pode ser erguida em apenas seis meses – uma melhoria formidável relativamente aos 24 a 36 meses que o processo de aprovação e construção levaria nos Estados Unidos ou na Europa.

Quando perguntamos aos intervenientes chineses como conseguem responder às encomendas com equipamento de baixo custo, de construção barata, em fábricas sem flexibilidade, respondem: "Se o equipamento falha, não há grande problema. Podemos deitá-lo fora, demoli-lo ou construir outra fábrica para o próximo produto."

Os chineses pensam nas fábricas como nas esferográficas. Quando se estragam ou a tinta acaba, vão para o lixo.

Da fábrica à estratégia descartável

O modelo de fábrica descartável é importante para muitos aspectos do negócio – não só para a produção orientada para o processo ou para o projecto. Em ambientes de rápida mudança, quaisquer elementos do negócio podem revelar-se descartáveis, incluindo estruturas organizacionais, equipas de gestão, canais de distribuição e mesmo estratégias. Num inquérito recente citado pela *Harvard Business Review*, "de 259 executivos seniores [entrevistados] por todo o mundo (...) mais de 80 por cento indicaram que os períodos de vida produtiva das estratégias eram cada vez mais curtos. Setenta e dois por cento acreditavam que o seu principal concorrente seria uma empresa diferente no prazo de cinco anos."[1]

É cada vez mais frequente as empresas descobrirem que as suas "estratégias fantásticas" estão em risco de se tornarem obsoletas antes de terem a hipótese de resultar. Os negócios têm de encontrar formas de encarar também as suas estratégias como descartáveis.

A Orbitz, a agência de viagens *on-line*, é o exemplo de uma empresa que construiu um tipo de fábrica descartável, embora não produzisse algo tangível. No final de 1999, durante um período de fraco crescimento da indústria da aviação, cinco das maiores linhas aéreas norte-americanas – Delta, United, American, Northwest e Continental – juntaram esforços para criar um *site* de viagens *on-line*. A estratégia era permitir que o *site* tivesse custos de distribuição tão reduzidos que as companhias aéreas considerassem financeiramente atractivo mostrar todas as opções de voos disponíveis, ao contrário da Travelocity e de outros serviços, que mostravam apenas alguns voos. Isto garantia que a Orbitz disponibilizava os melhores negócios que a Delta, a United, a American, a Northwest e a Continental ofereciam em qualquer lado, incluindo nos próprios *websites* ou através de agências de viagens. Além disso, a Orbitz pretendia utilizar uma tecnologia de pesquisa sofisticada que iria garantir aos clientes que as tarifas que encontravam no *site* eram as mais baixas, devido à informação actualizada e fidedigna.

As estratégias pareciam boas, mas não havia garantia de que teriam sucesso. A empresa tinha de crescer de forma muito rápida se quisesse juntar-se à Travelocity e à Expedia na posição de liderança, satisfazer os objectivos de lucro dos proprietários e garantir o futuro.

Mas não havia uma empresa que as companhias aéreas pudessem adquirir que tivesse as características certas e pudesse ser comprada a um preço aceitável. Os parceiros duvidaram que a integração do novo serviço no das organizações patrocinadoras funcionasse, porque, apesar de as linhas aéreas serem parceiras neste negócio, também eram concorrentes. Além do mais, com base nas suas experiências em construir novas linhas aéreas *low-cost* dentro da empresa-mãe, sabiam que seria difícil separar a nova criação da principal quando fosse altura disso. Também se aperceberam de que a estratégia de uma *start-up* tradicional – construir a organização passo a passo, desde o início – levaria muito tempo.

A Orbitz tinha de descobrir uma forma diferente de entrar no mercado e fê-lo. A empresa formou uma equipa de gestão temporária, composta por colaboradores internos e mais de 60 profissionais de vários parceiros externos e fornecedores – incluindo empresas de consultoria, advocacia, contabilidade, engenharia e recursos humanos. Eram, na sua essência, equivalentes às componentes de produção única, abastecidas localmente, de uma fábrica descartável. Em termos de compensação, não eram necessariamente recursos humanos de baixo custo, mas o seu compromisso e capacidades eram tão elevados que podiam ser realocados rapidamente e quase sem esforço.

Funcionou. Em menos de dois anos, a Orbitz estava a servir clientes e a provar que era um concorrente a ter em conta. Tal como um fabricante chinês substitui as suas fábricas de subescala, inflexíveis e de custos elevados com a evolução dos mercados, a Orbitz fez o mesmo com a sua equipa temporária de gestão – no final, todos os recursos temporários, altamente competentes, mas de custos elevados, foram substituídos por recursos permanentes e ajustados de forma mais exacta.

A estratégia descartável rendeu grandes dividendos aos seus proprietários. O *site* foi lançado em 2001 e, de acordo com os *ratings* Nielsen/Net, foi o maior lançamento de comércio electrónico desde 1999, com 2,07 milhões de visitantes durante o mês de Junho. Em 2003, uma Oferta Pública de Venda e de Subscrição de Acções (OPV) sobre a Orbitz valorizou a empresa em quase mil milhões de dólares e, em 2004, as companhias aéreas concordaram em vender a Orbitz à Cendant por 1,25 mil milhões de dólares, o que lhes rendeu mais de mil milhões de dólares.

Linhas de acção

Dados os benefícios das fábricas descartáveis (actuais e metafóricos), como pode obter a maior vantagem estratégica desta abordagem? Comece por decidir se o modelo é adequado para si.

É a escolha adequada sob as seguintes circunstâncias:

- A rapidez, o risco e a necessidade de determinados activos tornam os modelos de produção alternativos pouco económicos.

- Enfrenta uma enorme incerteza devido a um mercado altamente competitivo e dinâmico ou a uma possível inovação disruptiva.

- A dimensão de uma oportunidade de negócio não é evidente.

- Uma elevada actividade e reduzida alteração na produção podem diminuir os custos.

- Tem de aumentar a produção e testar os mercados enquanto as suas instalações permanentes ainda estão em fase de projecto.

- A vantagem de ser o primeiro a agir pode ajudá-lo a conquistar uma quota de mercado significativa.

Se decidir que uma abordagem de fábrica descartável é correcta para si, pode ter de ultrapassar resistências de vários quadrantes da sua organização. Em algumas empresas, em que a cultura da engenharia é dominante, os gestores podem opor-se a esta abordagem, argumentando preocupações acerca de relações laborais, níveis de segurança e restrições regulamentares. Podem considerar que as fábricas descartáveis são demasiado simplificadas, em comparação com as maiores e mais complexas.

Uma forma de os convencer de que a escala nem sempre é a resposta adequada é explicar que a "abordagem da esferográfica" ao *design* da organização pode libertar valor substancial, já que permite à sua empresa obter oportunidades económicas que, de outra forma, poderia perder ou rejeitar. Lembre-se que os concorrentes em países com custos baixos conquistaram uma forte posição de liderança nos mercados globais ao adoptarem fábricas descartáveis.

Os engenheiros das fábricas, em particular, vão precisar de repensar a sua abordagem à escala e à flexibilidade. Encoraje-os a mudar o seu enfoque de quantas substituições e combinações a fábrica consegue produzir para formas de *diminuir* a escala de modo a responder mais agilmente à procura emergente. À primeira vista, a fábrica descartável pode parecer-lhes demasiado simplista mas, na realidade, é uma forma sofisticada de "fazer mais com menos".

Sabemos que a escala pode oferecer uma grande vantagem competitiva. Agora é altura de se desviar das economias de escala e avançar em direcção ao crescimento e à rentabilidade.

ESTABELECIMENTO DE PREÇOS DINÂMICO

Uma questão que pode afectar profundamente o sucesso da sua empresa no futuro – e proporcionar uma vantagem competitiva – poderá inicialmente parecer improvável e até banal: o estabelecimento de preços.

Ao longo dos últimos dois anos, reparei que muitas empresas adoptaram práticas de estabelecimento de preços de "boa higiene", tais como:

- Aumentar as tabelas de preços para corresponderem às dos concorrentes quando estas são diferentes.

- Aplicar encargos especiais às encomendas personalizadas – encargos que foram estabelecidos "oficialmente", mas que não têm sido respeitados por várias pessoas em toda a organização.

- Estabelecer preços *premium* para "promoções padronizadas" e expedição rápida de mercadorias.

- Cobrar taxas por encomendas pequenas de quantidades inferiores às combinadas para os preços acordados.

- Alterar as estruturas de descontos e adoptar mecanismos de seguimento para o cumprimento.

- Restabelecer preços de produtos para que reflictam a sua exclusividade (subida de preço) ou o seu carácter de mercadoria (descida de preço).

Também assisti a empresas a resolver questões-chave da organização relacionadas com o estabelecimento de preços. Tornaram-se tão competentes a gerir este aspecto como a gerir o aprovisionamento ou a logística da cadeia de abastecimento. Estabeleceram os processos, as estruturas e os incentivos correctos; clarificaram responsabilidades; e estabeleceram mecanismos para monitorizar activamente a eficácia das suas políticas de preços.

Todas estas actividades podem conduzir a excelentes resultados, como adicionar dois ou três pontos aos ganhos antes de juros, impostos, depreciações e amortizações (EBITDA*). É evidente que construir uma plataforma de estabelecimento de preços forte pode melhorar a competitividade de uma empresa. Mas esta plataforma por si só não lhe permitirá obter mais vantagens sobre os concorrentes.

A conjuntura emergente

Há várias estratégias de estabelecimento de preços que vão para além das práticas de "boa higiene" e que têm um potencial significativo para melhorar a rentabilidade e criar uma vantagem competitiva. Duas das mais conhecidas são o *power by the hour* e o *bundling*.

Há alguns produtos – como locomotivas e fotocopiadoras – que os clientes querem utilizar mas não possuir. O seu preço pode ser estabelecido de acordo com a sua taxa de utilização. Para usufruir ao máximo desta inovação no estabelecimento de preços, tem de se certificar de que as taxas de utilização cobrem os custos da sua empresa e proporcionam lucros.

A GE Aviation, uma divisão da General Electric, oferece um exemplo de como a estratégia de estabelecimento de preços de *power*

---

* **N. T.** Acrónimo relativo à designação em inglês: *Earnings Before Interest, Taxes, Depreciation, and Amortization.*

by the hour funciona na sua organização de assistência. O principal negócio da empresa era a venda de motores de aeronaves e partes sobresselentes, mas a gestão apercebeu-se de que a empresa estava a perder a oportunidade de gerar receitas ao não vender a manutenção. O negócio estabelece o preço da manutenção por trabalho realizado, mas oferece também aos clientes a possibilidade de acordos de manutenção a longo prazo. Estes acordos permitem aos clientes pagar um determinado montante ao longo do tempo, em vez de uma enorme conta de cada vez que o motor vai para reparação, possibilitando que façam um melhor orçamento dos seus gastos. Estes acordos a longo prazo têm um preço mais baixo do que as ofertas de reparação taxadas por trabalho efectuado, o que exige que a GE Aviation desenvolva o melhor plano de manutenção possível, para reduzir os custos de reparação e gerar receitas. Para isso, a empresa concentra-se em aumentar a fiabilidade dos seus produtos e em acrescentar-lhes nova tecnologia no período de reparação para garantir que os motores "voam" durante mais tempo.

Tanto o serviço de assistência da GE Aviation como os seus clientes beneficiam com o estabelecimento de preços de *power by the hour*. Os clientes afirmam que conseguem poupar até dez por cento dos seus custos anuais de manutenção e a GE estima que o programa geralmente ajuda as companhias aéreas a pouparem entre cinco a 15 por cento destes custos durante o tempo de duração do contrato.

O *bundling* é uma abordagem eficaz ao estabelecimento de preços quando uma empresa tem um conjunto de produtos mais alargado do que os seus concorrentes. A empresa pode juntar alguns dos seus produtos e fixar o preço do pacote, de forma a tornar a oferta do seu concorrente inaceitavelmente mais cara quando comparado o preço de todas as parcelas, que, de outra forma, teriam de ser adquiridas em separado.

Mas o *bundling* pode ser visto como um mecanismo de actividade *antitrust*: os concorrentes frustrados irão queixar-se de que se está a aproveitar da sua oferta alargada de forma injusta e defender que os consumidores deviam ter a oportunidade de seleccionar os melhores fornecedores – e poderão processá-lo. Não vou discutir aqui as razões deste argumento, excepto para dizer que, na maior parte das vezes, vem de perdedores.

Por mais úteis que o *power by the hour* e o *bundling* possam ser, estas práticas são agora aplicadas por toda a parte e não oferecem as vantagens estratégicas do passado. É por isso que as empresas líderes estão a experimentar o estabelecimento de preços dinâmico.

Através do *estabelecimento de preços dinâmico*, uma empresa alinha o preço de um produto ou serviço com o desejo do consumidor de usufruir daquele produto ou serviço *em determinado momento*. Para isso, os fornecedores reúnem informação em tempo real sobre a utilização do produto por parte dos consumidores e fixam preços para induzir certos comportamentos e para cobrir os custos de apoiar os mesmos. O estabelecimento de preços dinâmico ultrapassa as outras duas inovações porque tira proveito de informação extensa e minuciosa sobre os consumidores e os seus comportamentos, em tempo real.

O estabelecimento de preços dinâmico na Progressive

A seguradora Progressive Casualty está a testar novas abordagens de estabelecimento de preço e de *marketing* aos seguros automóveis que podem revolucionar o negócio e deixar os concorrentes com falta de oxigénio. Fundada em 1937, a Progressive tem sido inovadora numa indústria seguradora muito ávida por inovação. Nos primeiros anos, quando a maior parte dos seus concorrentes pedia aos clientes para pagar uma quantia anual única, a Progressive possibilitava aos seus segurados o pagamento dos prémios em prestações mensais. De seguida, a Progressive aceitou consumidores de risco elevado que as outras empresas preferiam ignorar e, ao controlar cuidadosamente os seus custos, foi capaz de tornar essas apólices rentáveis. Em terceiro lugar, a Progressive passou a fazer ela própria as reparações em veículos sinistrados, aprendendo muito sobre a relação entre custos, tipos de condutores e contrariedades específicas existentes.

Estas estratégias compensaram. A Progressive cresceu a taxas de dois dígitos durante 30 anos, enquanto as taxas de crescimento dos seus concorrentes eram de apenas um único dígito. De facto, a seguradora tem sido citada entre as mais rentáveis seguradoras de bens e acidentes (P&C[*]) desde que passou a ser cotada em bolsa.

Durante o pico do *boom* da Internet, a Progressive interessou-se por um campo da tecnologia chamado *telemática*. Desenvolvida originalmente pelos fabricantes de equipamento automóvel de origem, a telemática utiliza a Internet e as tecnologias sem fios para permitir uma ligação aos clientes enquanto estes conduzem. É, por exemplo, a telemática que permite aos condutores navegarem na *Web* na conveniência dos seus veículos. (Não tinha importância para estes fabricantes que poucas jurisdições permitissem que os condutores vissem televisão enquanto guiavam. Não se preocupem, vão à Internet.)

A Progressive viu uma oportunidade interessante para além de todo o entusiasmo à volta da telemática. A combinação de tecnologias sem fios, sistemas de posicionamento global (GPS[**]), sensores e Internet permitiam à Progressive monitorizar onde se encontrava o detentor da apólice e a que velocidade se estava a deslocar. O seu plano de primeira geração, em vigor no Texas de 1998 a 2001, implicou equipar os automóveis com sistemas de GPS e tecnologia celular para calcular prémios baseados, em parte, na forma e frequência com que o veículo era utilizado. Os detentores das apólices que decidiram pagar o seu seguro automóvel com base na utilização pouparam, em média, 25 por cento no prémio.

---

[*] **N. T.** Relativo à designação em inglês *Property and Casualty*.
[**] **N. T.** Sigla relativa à designação em inglês *Global Positioning Systems*.

Em 2004, a Progressive introduziu um tipo diferente de programa com base na utilização – o TripSense – no estado do Minnesota. Em troca de um desconto na renovação da apólice, os participantes permitiam a ligação de um dispositivo de dados ao seu automóvel. Este aparelho reúne informação sobre a utilização do veículo, incluindo quando, a que velocidade e quantos quilómetros se deslocou. (O aparelho também reúne informação sobre aceleração e travagem rápidas, mas a Progressive afirma que não usa esta informação para calcular os descontos.) O equipamento não tem conhecimento de onde o automóvel está ou esteve porque não se baseia na tecnologia GPS.

No Minnesota, cerca de cinco mil clientes estão a utilizar o TripSense e o seu desconto médio é de cerca de 12 por cento. Em Janeiro de 2007, o programa foi expandido para os estados do Michigan e do Oregon.

Com informação tão precisa, a Progressive pode criar taxas de seguro à medida de cada detentor de uma apólice. (O estabelecimento do preço "ao minuto" ainda está em fase de investigação.)

Para compreender como esta prática é revolucionária, considere como o estabelecimento do preço funciona actualmente na indústria seguradora automóvel. Para a maior parte das seguradoras, o estabelecimento do preço envolve apenas estar na média ou fora da média. Para fixar o seu prémio, as seguradoras encaixam-no num segmento de clientes para o qual conseguem calcular a probabilidade de vir a sofrer um acidente. A empresa coloca-o num segmento – através do qual é determinado o seu prémio anual – com base na idade, género, tipo de veículo que conduz, local onde vive, quantos quilómetros acha que vai percorrer no ano do seguro, violações anteriores ao código da estrada e por aí em diante. As seguradoras mediam o seu sucesso pelo número de segmentos que conseguiam identificar e gerir, mas, no final, continuavam a estabelecer o preço médio do consumidor e inseriam-no num segmento já existente.

A utilização das tecnologias disponíveis por parte da Progressive implicou que a seguradora podia fixar prémios, para determinados detentores de apólices e veículos, com base nos comportamentos de condução em tempo real. Os custos de sinistro e colisão podiam cair para quase zero quando o veículo estava estacionado numa garagem. Estes mesmos custos podiam disparar quando o veículo era reportado como estando a deslocar-se a alta velocidade, ou a mudar bruscamente de direcção, no trânsito de hora de ponta junto a uma grande cidade.

É óbvio que estes preços assim individualizados diferem radicalmente do preço segmentado pela média que caracteriza a actual indústria seguradora automóvel. Com o estabelecimento de preços médios, é inevitável que o segmento onde é colocado determinado consumidor inclua outros membros com maior propensão para acidentes e outros com menor risco. Por outras palavras, alguns clientes custam mais à empresa do que outros. E todos os indivíduos desse segmento pagam a mesma apólice. Isto significa que alguns estão a pagar demasiado e outros menos do que deviam. Se tiver sorte, está a pagar o montante certo para o seu nível de risco (o que é difícil).

Considere a telemática. Ao utilizar dados do comportamento dos condutores, uma companhia de seguros pode apurar, com precisão, os seus níveis de risco em determinado momento e ao longo de uma hora, dia, semana, mês ou ano. A empresa pode então estabelecer preços com base nestes níveis de risco. Acabou-se o "Ms. Rodriguez, aqui está o valor do seu prémio para este ano".

É claro que isto exige, da parte da seguradora, a recolha e o processamento de grande quantidade de informação. Mas pressupondo que a empresa o consegue fazer, as implicações financeiras de trabalhar sem recorrer a preços médios são muito atractivas. De acordo com a nossa análise, o estabelecimento do preço do seguro automóvel ao minuto poderia resultar num grande aumento em rentabilidade de subscrições antes de impostos até oito pontos.

Igualmente interessante, de acordo com um executivo da Progressive, é o facto de os detentores de apólices que utilizam a tecnologia se terem tornado mais conscientes dos seus comportamentos ao volante, incluindo a sua velocidade. Muitos afirmaram que, quando atingem os 120 quilómetros por hora, retiram o pé do acelerador.[2] A empresa está empenhada nos seguros baseados na utilização porque, conforme explicou um porta-voz: "Oferece aos condutores algum controlo sobre o que pagam."

As implicações

Se a Progressive decide entrar, agressivamente, no mercado da Gestão dos Benefícios de Farmácia (PBM[*]), os condutores para quem esta oferta pode soar mais atractiva não serão provavelmente os tradicionais clientes de alto risco da empresa e sim os clientes de baixo risco das seguradoras concorrentes. E porquê? Porque estes condutores têm vindo a pagar mais do que deviam, no seu segmento correspondente, devido ao estabelecimento do preço médio. E querem um negócio melhor.

Se estes clientes mudam para a Progressive, o nível médio de risco dos detentores de apólices desses segmentos, nas outras seguradoras, aumenta. Portanto, o custo de servir estes segmentos iria aumentar, o que poderia diminuir os lucros dessas empresas. Enquanto isso, a rentabilidade da Progressive aumentaria, ao conquistar os detentores de apólices de menor risco.

Para combater os custos crescentes, o melhor que os concorrentes da Progressive poderiam fazer era aumentar todos os preços. Mas isso criaria um novo grupo de clientes a quem estava a ser pedido (sem, na realidade, lhe perguntarem) para pagar o preço dos condutores de alto risco. Podiam seguir-se rescisões em massa. Interessante, certo?

---

[*] **N. T.** Sigla relativa à designação em inglês, *Pharmacy Benefit Management*. Programa que administra as receitas médicas dos clientes.

Imagine deixar os seus concorrentes com todos os maus clientes da sua indústria.

Os métodos da Progressive poderiam trazer fontes adicionais de vantagem competitiva para a empresa. Por exemplo, esta inovação no preço é *intensiva ao nível de experiência*, isto é, quanto mais a organização fixa os preços com base na utilização, e experimenta ganhos ou perdas, maior conhecimento acumula sobre o que leva aos custos e ao comportamento do consumidor. Isto é experiência que as outras empresas terão de acumular se também quiserem tornar-se competitivas. Claro que, se tiverem visão, podem tentar "copiar" o método de estabelecimento de preços da Progressive ou os seus algoritmos, mas ainda estarão a comportar-se como seguidoras. Quanto mais tempo os concorrentes da Progressive levarem a reagir, mais clientes de baixo risco irão perder para esta empresa. Desesperados por recuperar clientes, os concorrentes poderão recorrer a cortes nos preços, o que voltaria a diminuir os seus lucros. Enquanto isso, os executivos na Progressive podem ficar a observar os concorrentes a serem puxados para uma espiral descendente.

A economia

Se a tecnologia da Progressive promete oferecer tantas vantagens estratégicas para as empresas que a utilizam, por que motivo não se disseminou já por toda a parte? Primeiro, a tecnologia é cara. No início, vários intervenientes na indústria – fabricantes de equipamento automóvel de origem e outros fornecedores – estimaram que equipar um veículo com os sistemas necessários custaria 300 dólares. Hoje em dia, o número desceu para menos de cem; no entanto, é um valor que as empresas consideram ainda muito elevado.

Nos Estados Unidos, os reguladores de seguros automóveis representam um outro obstáculo. O principal objectivo dos reguladores é preservar os seus empregos e manter a paz a nível político – o que fazem, em grande parte, tornando os seguros disponíveis a todos os condutores do seu estado. O estabelecimento de preços médios facilita esta disponibilização ao impor o custo de segurar condutores de alto risco aos condutores de baixo risco. Os aparelhos de monitorização colocados nos automóveis poderiam expor a dimensão deste engano. Sem surpresa, alguns destes reguladores têm sido lentos a permitir esta forma de estabelecimento de preços dinâmico.

No Reino Unido, onde os mercados são mais compactos devido às populações mais condensadas, a situação parece mais promissora. Por exemplo, a Norwich Union, sob licença da Progressive, está a desenvolver uma estratégia semelhante. Em 2004, a empresa testou a tecnologia com jovens condutores, porque estes eram os que estavam mais preocupados com as elevadas taxas de seguros. Os participantes no projecto-piloto pouparam 30 por cento nos seus prémios. Igualmente importante para a Norwich foi o facto de esta experiência gerar enormes quantidades de informação: cinco mil condutores registaram dados de 160 milhões de quilómetros em mais de dez milhões de viagens. A Norwich espera que as taxas de recolha de informação aumentem 15 vezes mais todos os anos. Através desta tecnologia, os condutores poderão controlar os custos dos seus seguros ao fazerem escolhas sobre quando conduzem, em que tipo de estradas se deslocam e que distância percorrem, entre outros factores.[3]

Quem mais está a utilizar o estabelecimento de preços dinâmico?

O exemplo da Progressive é raro, mas há outros exemplos de estabelecimento de preços dinâmico. Considere as estradas com portagens, cujas tarifas poderiam aumentar às horas de maior trânsito e baixar em alturas menos movimentadas, para equilibrar o tráfego ao longo do dia. Em Janeiro de 2006, a cidade de Estocolmo, na Suécia, propôs um ensaio de estabelecimento de preços dinâmico, 24 horas por dia, sete dias por semana, baseado no nível de congestionamento do trânsito. Em Setembro de 2006, os cidadãos de Estocolmo votaram a proposta, que venceu por uma margem estreita – 52 contra 46 por cento. Os cidadãos que votaram contra esta medida argumentaram que o estabelecimento de preços dinâmico iria beneficiar os ricos e prejudicar os pobres. A sua justificação? Aqueles com menos controlo dos horários das suas viagens – supostamente, os trabalhadores com salários mais baixos com horas de trabalho fixo – teriam maior probabilidade de se deslocarem às horas de ponta e serem penalizados pelos valores de portagens mais elevados.

Mesmo assim, o novo sistema tem gerado importantes benefícios para a capital sueca. Ao utilizar transmissores-receptores e câmaras de identificação por radiofrequência, o sistema reduziu o trânsito da cidade em cerca de 20 por cento. Um mês após o sistema ser implementado, havia menos cem mil veículos a deslocarem-se nas ruas de Estocolmo durante as horas de ponta e o número de condutores diários aumentou em 40 mil. O trânsito à hora de ponta em Estocolmo teve uma queda de 22 por cento, o que ultrapassou o objectivo inicial de dez a 15 por cento. O tempo suplementar necessário para se conduzir de um lado ao outro da cidade em hora de ponta passou de 200 por cento superior à hora de fácil circulação para apenas 45 por cento. E os níveis de poluição em Estocolmo diminuíram.

Linhas de acção

Tal como referido anteriormente, muitas empresas já tomaram várias medidas para utilizar o estabelecimento de preços como arma competitiva. O estabelecimento de preços dinâmico oferece a possibilidade de uma vantagem competitiva ainda maior. Encorajo-o a considerar seriamente – e em breve – uma forma de implementar o estabelecimento de preços dinâmico na sua organização:

- Certifique-se de que o estabelecimento de preços dinâmico pode ser aplicado na sua empresa. Uma estratégia de estabelecimento de preços dinâmico deve funcionar quando e onde os consumidores estiverem dispostos a esperar ou a pagar mais por um produto ou serviço dependendo da sua disponibilidade. As ofertas que correspondem a esta descrição incluem quartos de hotel e aluguer de automóveis, mesas em restaurantes e posições de encomenda para novos produtos como aviões de passageiros. O estabelecimento de preços dinâmico devia também funcionar nos casos em que as tecnologias de informação conseguem retirar um intermediário entre os consumidores e a empresa, de modo a que a empresa receba dados imediatos e frequentes dos consumidores. Um exemplo é o parqueamento no aeroporto, onde a distância até ao terminal, a quantidade de automóveis, hora do dia e o tempo que o automóvel está estacionado são factores importantes – e difíceis de fornecer e processar por qualquer humano.

- Seja o primeiro a utilizar o estabelecimento de preços dinâmico na sua indústria. Depois utilize a informação acumulada sobre o comportamento do consumidor para criar uma vantagem maior. Por exemplo, se a Progressive tivesse utilizado a sua política radical de estabelecimento de preços mais cedo, de forma mais extensiva e por períodos mais longos do que os concorrentes, teria reunido muito mais dados do que estes. E essas enormes quantidades de informação teriam fornecido um conhecimento mais profundo e mais rápido dos consumidores que os concorrentes nunca conseguiriam obter.

―――― *Um pensamento final* ――――

É óbvio que o estabelecimento de preços dinâmico está no seu início e que as empresas interessadas na sua utilização precisam de reflectir cuidadosamente sobre as implicações práticas e os desafios de execução. Acredito que, à medida que a inovação no estabelecimento de preços evolui e aprendemos mais sobre o assunto, obteremos vantagens importantes sobre inovações que são muito utilizadas hoje em dia, como o *power by the hour*, a gestão da produção e o *bundling*.

Para mim, um dos aspectos mais entusiasmantes do estabelecimento de preços dinâmico é este poder oferecer enormes vantagens a intervenientes de uma grande variedade de indústrias. A exploração que a Progressive fez do estabelecimento de preços é um exemplo de como a inovação nesta área pode funcionar no ramo dos seguros automóveis.

Se decidir que o estabelecimento de preços dinâmico é adequado para a sua empresa, e tem o investimento disponível para o experimentar, tem uma boa oportunidade de acumular enormes quantidades de informação detalhada e valiosa sobre os clientes. E essa informação pode conferir-lhe vantagens determinantes sobre os seus concorrentes. Mas tem de agir rapidamente – e irá querer manter os concorrentes fora do caminho durante o maior tempo possível.

ABRAÇAR A COMPLEXIDADE

Há muita discussão hoje em dia sobre o tema da complexidade, especialmente porque está ligada à proliferação de produtos e serviços. A visão dominante – tal como é expressa nos *media* mais populares, em conferências e à volta da mesa de refeições – é que a maioria dos comuns mortais perdeu a capacidade de lidar com um ambiente de produtos e de serviços tão complexo. É altura de simplificar, simplificar!

Nos negócios, ouço queixas semelhantes de executivos que encaram a complexidade como um inimigo com quem têm constantemente de batalhar. Observam como a empresa – geralmente em resposta à percepção de uma necessidade de um cliente e devido à insistência das equipas de *marketing* e de vendas – adiciona mais características e capacidades aos produtos actuais, cria variações, adiciona novos modelos, entra nos mais diversos mercados e desenvolve formas adicionais de personalizar e de produzir as suas ofertas "à medida".

Recuam quando os colaboradores das operações ficam cada vez mais sobrecarregados com a produção, distribuição e apoio a esta variedade de produtos cada vez mais exigente – muitos dos quais não estão a ter grande lucro e podem até estar a fazer com que a empresa perca dinheiro. Em pouco tempo, as disciplinas internas entram num conflito tão intenso que o ruído pode ser ouvido por mais do que um dos principais executivos da empresa. Uma *task force* multifuncional é devidamente formada. Leva meses a investigar. O portfólio de produtos é ajustado. Os custos diminuem e os lucros aumentam. Os heróis são congratulados e depois esquecidos à medida que se perdem clientes e se falham objectivos de venda.

Em resposta, o *marketing* e as vendas exigem mais produtos e serviços e os principais executivos, preocupados com a quebra nos resultados do desempenho da empresa, apoiam-nos. E então o ciclo repete-se.

É verdade que há uma conjuntura emergente, ligada à complexidade, a ganhar força, mas não tem como objectivo encontrar formas de eliminar essa complexidade. Pretende, sim, encontrar a melhor maneira de a acolher de modo a atingir uma vantagem competitiva.

A conjuntura emergente

A complexidade é um fenómeno com muita força que leva a muitos custos de gestão, principalmente custos gerais. A minha experiência é que, para cada duplicação da complexidade (quase independentemente da forma como a complexidade é medida, desde que o seja e consistentemente), os custos gerais por unidade medida/produzida aumentam 20 a 35 por cento. As empresas geralmente tentam recuperar dos seus custos crescentes ao aumentar preços, crescer em volume de negócios ou ambos. Estes esforços de recuperação raramente têm sucesso, excepto nas primeiras etapas de complexidade, quando a base é baixa – por exemplo, quando o portfólio do produto aumenta de um para três. No entanto quando a empresa tem 12 ofertas e aumenta o número para 14, é difícil recuperar os custos incrementais através do aumento de preço e de volume.

É tentador pensar que a complexidade pode ser gerida através da simplificação – ao cortar, restringir, eliminar e reduzir. Muitas empresas viram-se para uma melhor previsão – tentam prever melhor o que pensam os consumidores e adaptar os respectivos portfólios. Fazem um profundo estudo do consumidor, por tentativas e erros, e uma gestão muito activa do portfólio – adicionando e retirando produtos incessantemente. No entanto, esta é uma disciplina que resulta melhor em indústrias ditadas pela moda – vestuário, electrónica, comida de elevada qualidade e retalho. E mesmo nessas categorias, poucas empresas aprenderam a fazê-lo da melhor forma.

Nas últimas décadas, à medida que a complexidade aumentou – e a ciência da gestão (incluindo a produção flexível) se tornou mais sofisticada a encontrar formas de lidar com custos e benefícios – as empresas inteligentes desenvolveram várias maneiras de criar vantagem competitiva ao *abraçar* a complexidade. Quatro delas têm interesse especial e são algumas que a sua empresa poderá considerar:

- Seduzir o grande gastador.
- Reduzir a ansiedade da complexidade.
- Especificar a melhor escolha.
- Procurar substituições.

Seduzir o grande gastador

Os grandes gastadores têm uma propensão natural para a complexidade. Este grupo abrange geralmente 20 a 30 por cento dos clientes de determinada categoria, mas é responsável por 70 a 80 por cento das vendas. Temos assistido a concentrações de grandes gastadores em várias categorias como cerveja, livrarias, grandes armazéns, cosmética, cadeias de *fast food*, corretagem de acções e artigos de cozinha.

Alguns podem rejeitar esta afirmação como apenas mais um exemplo da velha Lei de Pareto, isto é, a regra dos 80/20. Mas a explicação é muito simples – estes consumidores pensam e comportam-se de um modo muito diferente do dos que gastam pouco. Não só gastam mais, como têm as suas próprias expectativas de selecção de produtos e serviços e precisam de um determinado tipo de compromisso emocional com a categoria.

Perceber a psicologia do grande gastador é determinante para identificar os requisitos para o atrair. Estes são os factores que caracterizam o grande gastador:

- Localização favorável numa categoria dispendiosa.
- Compras como terapia.
- Resposta favorável ao "suborno", principalmente através de programas de clientes frequentes.
- Aspiração e procura de estatuto.
- Necessidade de se associar a algo.
- Procura de aventura e de entusiasmo.
- Alteração ou renovação de prioridades de vida.
- Obsessões maníacas.

Vamos explorar a psicologia de Sandra, uma grande gastadora que conheço. É uma jovem profissional de 32 anos, divorciada, sem filhos e a viver em Toronto. O que distingue Sandra de milhares de mulheres que conheço com estas características é que ela adora sapatos. Adora mesmo! Sandra está sempre à procura de novos modelos, compra três a cinco pares por estação e tem mais de 80 no seu armário. Gasta anualmente um valor superior a três mil dólares (ou dez por cento do seu rendimento líquido) na sua colecção de sapatos.

Porque se comporta Sandra desta forma? Ela tem as suas razões:

"Tenho de renovar as minhas sandálias todos os Verões. O calçado de Verão é muito expressivo e único."

"Raramente, se é que alguma vez o fiz, passeio perto das minhas lojas preferidas sem dar uma espreitadela."

"Sinto muitas vezes que estou em missão para encontrar os sapatos certos para determinado visual. É a emoção da caçada!"

"É uma compra fácil que me faz sentir glamorosa."

"Tenho uma colecção de sapatos para trabalhar, sapatos de cerimónia, botas, botas de Inverno e sapatos informais – em preto e castanho claro, no mínimo – e substituo as minhas sapatilhas a cada nove meses."

"No dia em que comprar os meus primeiros Manolo Blahnik, sei que cheguei lá."

E a minha preferida: "O melhor elogio que um homem me pode fazer é 'Belos sapatos!' Garante, automaticamente, a minha atenção durante pelo menos 20 minutos."

Sandra está a pedir para ser tratada como uma grande gastadora: faz parte de uma população atractiva, as compras funcionam como terapia, aspira a ter sapatos melhores e faz deles prioridade pessoal e financeira. Quando Sandra não está a trabalhar, a fazer exercício ou a divertir-se, passa a maior parte do seu tempo numa área de três por dois quarteirões, em Yorkville, a zona mais *fashion* de Toronto. Esta zona é o paraíso para os grandes gastadores em sapatos.

Os formatos de retalho concentrados nos grandes gastadores podem ser encontrados em muitas categorias de consumo, se souber o que procurar. Estes formatos são caracterizados por grandes selecções, uma concentração de artigos em torno de temas de estilo de vida, muita informação no ponto de venda e equipas de vendas com fortes conhecimentos. São muito diferentes dos típicos negócios familiares e dos grandes armazéns. Embora os negócios familiares tendam a ter uma selecção limitada e preços relativamente elevados, os consumidores preferem-nos por conhecerem os proprietários e pela proximidade e conveniência das lojas. Os grandes armazéns, que representam 30 a 50 por cento das vendas de uma categoria de consumo, oferecem uma alargada selecção de produtos a preços baixos, mas têm uma limitada assistência ao consumidor. O lema da maior parte dos grandes armazéns é "grandes quantidades a preços baixos!" Encontrar um vendedor pode ser muito difícil; encontrar alguém com conhecimento profundo numa categoria pode ser impossível. Estes formatos não são apelativos a grandes gastadores, excepto como fonte para as necessidades mais básicas.

Os formatos de retalho que são apelativos para os grandes gastadores conseguem sê-lo de diversas formas:

- Diferenciam melhor a oferta em relação aos negócios familiares e aos grandes armazéns através de uma melhor e mais vasta selecção de produtos, e têm marcas de categorias apelativas para os segmentos de grandes gastadores.

- Concentram os esforços de *marketing* nas categorias que mais interessam aos grandes gastadores.

- Melhoram a selecção de produto nas categorias-alvo.

- Melhoram a sinalética e a organização de cada categoria para evitar o abandono – pessoas que escolhem sair do processo por ser muito complicado ou, simplesmente, porque não conseguem encontrar o que procuram.

- Contratam e formam equipas de vendas mais especializadas em categorias apelativas para os seus grandes gastadores.

- Organizam-se em torno das categorias-alvo, adicionando material promocional de categorias relacionadas – uma prática que também permite às equipas de vendas tornarem-se especialistas em todos os aspectos da categoria.

• Melhoram as montras que exibem os novos produtos, adicionando elementos experimentais e mais elementos da marca.

Servir os grandes gastadores representa uma enorme oportunidade para conquistar uma vantagem competitiva. A empresa que investe mais (por padrões da indústria, claro) em grandes gastadores e lhes torna dispendiosa a mudança para outra marca (há muitas formas de o conseguir), pode aumentar a sua quota de mercado neste grupo e usufruir de um aumento de receitas muito maior do que os concorrentes que oferecem produtos a todos os grupos de gastadores. A empresa pode também aumentar o volume de compras até um ponto em que os seus custos diminuem em relação aos seus concorrentes.

É evidente que todas estas medidas implicam capital. Mas a minha experiência diz-me que, quando os grandes gastadores são identificados e bem servidos, os benefícios podem ser enormes. O grande gastador vai despender mais dinheiro por visita (dez vezes mais do que o pequeno gastador), voltar mais vezes e deslocar-se para categorias adjacentes e também gastar nelas. O resultado é que a empresa consegue conquistar margens operacionais cinco a dez vezes maiores do que os retalhistas com formatos concebidos para servir o comprador médio. Além disso, pode estabelecer-se um círculo virtuoso. Mesmo com custos elevados ao nível do serviço, os custos totais dos departamentos de grandes gastadores acabam por diminuir devido às maiores receitas. Entre os nomes mais conhecidos de empresas que compreendem os grandes gastadores e sabem como os servir bem incluem-se a lululemon athletica, a Home Depot, a Williams-Sonoma, a Coach, a Best Buy e a Shoppers Drug Mart.

Há muitas outras categorias e segmentos de consumo onde as empresas inteligentes estão a adoptar, ou a considerar, uma estratégia para grandes gastadores, incluindo reparações e segurança em casa, retalho para idosos, viagens de negócios, cuidados de animais de estimação e cuidados pessoais – e talvez nas suas próprias categorias e segmentos.

Reduzir a ansiedade da complexidade

Quando confrontados com mais complexidade do que aquela com que conseguem lidar, muitos consumidores frequentemente optam por uma oferta mais simples e geralmente mais barata ou nem sequer compram alguma coisa. Receiam que a oferta complexa não lhes vá agradar, assim como todo o processo de devolução se não conseguirem adaptar-se ao produto. As empresas que conseguem reduzir a ansiedade de se lidar com a complexidade podem obter uma vantagem competitiva.

A Zappos.com é um exemplo interessante.

Fundada em 1999 em Las Vegas, a Zappos.com é uma retalhista *on-line* de malas, vestuário e acessórios como óculos, jóias e chapéus – apesar de ser conhecida principalmente pelos seus sapatos. Em 2000, a Zappos.com tinha vendas brutas de 1,6 milhões de dólares. Para 2007, a empresa previu vendas de 600 milhões de dólares. Em 2006, quase dois por cento dos consumidores norte-americanos fizeram compras na Zappos.com.

A Zappos não está isenta de complexidade – longe disso. Oferece mais de 900 marcas, cem mil modelos e armazena mais de três milhões de artigos. No entanto, o retalhista toma várias medidas para reduzir a ansiedade do consumidor ao lidar com a complexidade da escolha. Oferece portes de envio gratuitos em ambos os sentidos – entrega e, se necessário, devolução. Tem serviço de assistência ao consumidor, gratuito, disponível sete dias por semana, 24 horas por dia. E oferece uma garantia de 110 por cento. "Se, no prazo de dez dias a partir da sua compra, verificar que encontra um preço mais baixo para o mesmo modelo, largura, tamanho e cor em outra loja de retalho ou *on-line*, diga-nos e reembolsamo-lo em 110 por cento."

Mesmo com todos estes serviços e sistemas de apoio, os compradores de sapatos podem ainda sentir ansiedade em relação a comprar uns que não viram, experimentaram ou com os quais não andaram um pouco. Por isso, o factor mais importante da Zappos.com – de acordo com muitos clientes com quem falei – é a política de devoluções. Os compradores são encorajados a encomendar tantos pares de sapatos quantos quiserem experimentar – uma variedade de modelos ou diferentes tamanhos e cores dentro do mesmo modelo. Têm a liberdade de pensar nas suas escolhas por um período de tempo extremamente alargado. Nem 30 nem 60 dias. O cliente da Zappos.com tem 365 dias para ponderar a decisão de compra. Cada entrega traz um envelope de devolução, morada de retorno e envio pré-pago. Tudo o que o consumidor tem de fazer é arrumar os sapatos na embalagem original ("nas mesmas condições em que os recebeu"), colocá-la no envelope e chamar o serviço expresso (UPS ou FedEx). Numa visita a um armazém da UPS em Palm Coast, na Florida, vi que das oito caixas que estavam à espera de ser enviadas, sete eram devoluções da Zappos.com!

A ansiedade de se fazer a escolha errada, não conseguir usar o produto ou ter de passar por um complicado processo de devolução é reduzida a zero. Quantas compras fez recentemente que envolveram um nível de ansiedade tão reduzido?

Especificar a melhor escolha

Os sapatos e as malas não são produtos intrinsecamente complexos – é apenas devido à variedade alargada de possibilidades que os consumidores sentem a ansiedade da complexidade. Mas há muitos produtos que são, por si só, complicados – automóveis e computadores, por exemplo. Para encontrar a combinação de produto que satisfaça as suas necessidades e se adeqúe ao orçamento, os consumidores têm de analisar uma grande variedade de plataformas, características, variações e opções.

Historicamente, as empresas que oferecem produtos tão complexos têm confiado nas equipas de vendas para ajudarem os clientes a determinar as especificações do produto que melhor satisfazem as suas necessidades. Para isso, as equipas de vendas precisam geralmente de formação. É também habitual receberem incentivos para levarem os clientes a comprar. No entanto, é frequente que estes incentivos estejam concebidos para encorajar os vendedores a especificar a combinação de produtos que representam a melhor escolha para a *empresa* – como aquela que proporciona um lucro elevado ou ajuda a reduzir o excesso de inventário – e não para o *consumidor*.

Os clientes não gostam de se sentir pressionados a comprar o que o vendedor quer vender, mas o seu tempo e paciência são limitados, e raramente têm a capacidade de analisar todas as combinações possíveis de características e preços. Se os consumidores não forem satisfeitos antes que a paciência e a energia se esgotem, podem acabar por escolher o produto que se aproxima mais do que pretendem – caso contrário, dirão: "Esqueça."

Por isso, empresas que conseguem especificar, de forma genuína, a melhor escolha para os seus clientes podem conquistar uma vantagem significativa sobre aquelas cujos clientes têm eles próprios de fazer o trabalho. Entre os primeiros especificadores incluem-se a Saturn e a Dell.

No mundo arcaico do retalho automóvel, os negociantes tradicionais querem que o cliente compre o automóvel que está em armazém e o vendedor vai exercer uma grande pressão junto do cliente para que este o faça – oferecendo um preço melhor ou extras para o atrair para o veículo em *stock*. Se o cliente resiste à pressão e insiste em encomendar um automóvel à medida das suas especificações, o vendedor apresenta-lhe uma brochura em papel brilhante para este seleccionar as mais variadas opções. Então, um especialista do concessionário traduz as selecções para uma série de códigos de fábrica, impossíveis de decifrar pelo cliente. A encomenda segue, o cliente aguarda. Quando o veículo finalmente chega, muitas vezes não é o que o consumidor esperava. (Uma vez a minha mulher encomendou um automóvel especificando que queria estofos em pele. No entanto, quando o carro chegou, tinha os estofos em tecido. O negociante ofereceu um desconto de dois mil dólares se o levássemos assim. A minha mulher recusou. Esperámos mais oito semanas pelo automóvel que tínhamos encomendado inicialmente).

A Saturn introduziu uma política de preços fixos e limitou as opções disponíveis. Isto permitiu a muitos negociantes criar uma folha simples, uma lista de uma página com todas as opções e configurações possíveis, elaborada de forma a que o cliente a pudesse ler e compreender. Com esta folha, o comprador podia simplesmente assinalar as características pretendidas e a encomenda era enviada para a fábrica. É óbvio que a Saturn tem uma oferta de produto limitada, o que torna relativamente fácil para a empresa colocar todas as opções numa única página. Embora a sua reduzida variedade de produtos tenha trazido alguns desafios à empresa, o preço fixo e a abordagem de opções limitadas são inovações de que os consumidores gostam, o que cria fidelidade e proporciona uma vantagem competitiva à empresa.

A Dell Inc., com o seu sistema de encomendas *on-line*, é mais outro exemplo de especificação. Até ao início do ano 2000, os consumidores que não eram especialistas no assunto detestavam a tarefa de encomendar um computador pessoal. Embora compreendessem a utilidade de muitas características e opções, muitas outras eram totalmente misteriosas: velocidade de CPU, memória cache, placas de som e vídeo, portas de ligação, tipos de conexão e por aí em diante.

Numa loja de retalho, os consumidores podem pedir conselhos a um vendedor, mas geralmente percebem que este processo acrescenta complexidade à escolha, em vez de retirar. E, tal como com os automóveis, as equipas de vendas querem "despachar" o que têm em *stock* ou o que são incentivadas pelos chefes a vender.

Aceda ao *site* Dell.com. Verá que a empresa reduziu a complexidade do processo de decisão de compra ao oferecer um pequeno número de plataformas de partida, cada uma num nível de preço e de desempenho diferente. Depois de seleccionar um nível de preço/desempenho de base, o consumidor é conduzido por uma variedade de escolhas – quantidade de memória, tamanho do disco rígido, monitor, armazenamento externo, *upgrades* visuais e sonoros, microfones, impressoras, teclados, ratos e pacotes de *software*. Cada escolha é acompanhada de explicações úteis, imagens e descrições. Os consumidores podem demorar o tempo que quiserem e configurar e reconfigurar as vezes que desejarem.

Entrevistámos consumidores que compraram os seus computadores pessoais em lojas de retalho e outros que os adquiriram *on-line* na Dell.com. Os resultados foram surpreendentemente diferentes. A grande maioria dos compradores nas lojas afirmou estar satisfeita com as suas compras – o que poderiam dizer, se tinham acabado de sair da loja? Por vezes admitiram que não tinham pensado na compra cuidadosamente; precisavam apenas de algo básico e barato e agarraram no que lhes prendeu a atenção. A maioria dos inquiridos afirmou (enquanto colocava uma ou duas caixas grandes no porta-bagagens) que tinha optado pelo melhor pacote, ao preço que estava disposta a pagar.

Os consumidores da Dell *on-line* no global também estavam satisfeitos, mas sabiam muito mais sobre o que tinham comprado e por que razão era aquele o sistema que queriam e de que precisavam. Quando perguntámos pelas opções de escolha, a maioria afirmou que não tinha escolhido a alternativa mais barata. Comprara, na maior parte dos casos, mais memória, um monitor maior ou uma impressora melhor. Estimamos que, graças ao processo de especificação da Dell, os consumidores gastaram mais dez a 20 por cento do que se tivessem simplesmente optado pela escolha inicial preço/desempenho.

Cada vez mais empresas, numa variedade de indústrias, estão a oferecer especificações semelhantes aos consumidores. Pode especificar as suas apólices de seguros com a Progressive e a GEICO e os armários e electrodomésticos da sua cozinha no IKEA. Até os maiores fabricantes de automóveis estão a imitar a Saturn – actualmente, mais de 70 por cento dos consumidores utilizam a Internet (quando os fabricantes colocam as informações dos produtos disponíveis no seu *site*) para procurar um veículo antes de se dirigirem ao negociante. Claro que, uma vez no local, têm ainda de negociar com o vendedor e enfrentar a possibilidade de o automóvel que encomendaram chegar com estofos de tecido em vez de pele. A indústria ainda tem algumas práticas fora de moda.

Procurar substituições

Os consumidores, quer sejam um indivíduo ou uma empresa, descobrem geralmente que têm uma necessidade específica que pode ser satisfeita por uma variedade de produtos ou serviços. A complexidade que enfrentam é dupla: primeiro, a alargada selecção por onde escolher e, segundo, a substituição de configurações dentro de cada escolha. O desafio é ainda maior se as escolhas e substituições variam no preço. A empresa que ajuda o consumidor a lidar com estes desafios pode ter uma séria vantagem sobre os seus concorrentes.

A W.W. Grainger, distribuidora de bens industriais, é um bom exemplo de uma empresa que utiliza motores de busca com grande capacidade para ajudar os seus clientes a abraçar a complexidade.

A empresa tem cerca de 600 filiais espalhadas pela América do Norte e pela China e serve quase dois milhões de clientes, incluindo empreiteiros, oficinas de assistência e manutenção, fabricantes, hotéis, Estado, cuidados de saúde e estabelecimentos de ensino. Os clientes procuram a Grainger em busca de equipamentos novos e de substituição, como compressores, motores, sinalética, material de soldadura e iluminação e ferramentas manuais e eléctricas. O catálogo da empresa tem mais de três mil páginas, com mais de 130 mil produtos.

Em 1996, a Grainger começou a fazer negócio na Internet em www.grainger.com para ajudar os clientes a navegar pela sua vasta oferta. Além deste motor de busca, o *site* contém vários "MatchMakers"* que ajudam os potenciais compradores a seleccionar produtos com um grande número de atributos essenciais. O meu preferido é o MotorMatch, porque me lembra a altura em que era um jovem engenheiro numa grande petrolífera. Um dia, precisei de substituir um motor eléctrico numa das refinarias da empresa. Sentado com inúmeros volumes maçudos de catálogos das grandes empresas industriais fornecedoras, incluindo a Grainger, tive de passar "a pente fino" as descrições de todos os motores até encontrar o que melhor satisfazia as nossas necessidades. As listagens estavam organizadas por fabricante, depois por potência e por muitas outras características. Quando encontrava o motor adequado de um fabricante, confirmava a lista das ofertas dos outros, por características e preço. O processo podia levar horas e terminava geralmente com um encolher de ombros e o pensamento: "Este serve." Ou: "Este deve ser suficientemente bom."

Actualmente, dou um salto ao *site* da Grainger, acedo ao MotorMatch e o sistema ajuda-me a avaliar as minhas opções de acordo com uma variedade de critérios espantosa, como:

---

* **N. T.** Ferramenta que faz a correspondência para o tipo de funcionalidades que o cliente procura.

- Tipo de motor (estão disponíveis 17 tipos, por exemplo trifásicos, de arranque por compensador, de íman permanente).
- Rotações por minuto.
- Potência.
- Quilowatts.
- Volts (desde os mais óbvios aos mais confusos).
- Protecção (17 tipos, incluindo abertos, totalmente tapados ou com saídas de ar).
- Estruturas NEMA/IEC (29 opções).

Clico no botão *go* e surge a lista de motores disponíveis, através da Grainger, que vão ao encontro dos meus critérios. O MatchMaker limita automaticamente as minhas opções cada vez que insiro uma nova especificação, para que nunca resultem escolhas incompatíveis que não me interessam. Os outros motores de busca em www.grainger.com permitem-me procurar a peça que quero através da sua aplicação. Por exemplo, posso procurar um parafuso de cabeça hexagonal com base na categoria, atributos, material, acabamento, tamanho da rosca, comprimento debaixo da cabeça ou comprimento da rosca.

A complexidade permanece, mas agora sou eu que a controlo e não o contrário.

—— *Um pensamento final* ——

Muitas empresas, cujos produtos e serviços parecem excessivamente complexos, acreditam que a solução para si, e para os seus clientes, reside na simplificação. Reduzir o número de escolhas. Eliminar opções. Criar pacotes.

Mas abraçar a complexidade pode funcionar para muitas empresas numa grande variedade de situações, tais como:

- O consumidor precisa e é-lhe oferecida uma grande variedade de opções.
- A decisão de compra requer *trade-offs*.
- O objectivo final pode ser atingido através de vários caminhos.
- São possíveis vários objectivos finais.
- O produto tem de ser "vendido" em vez de "comprado".
- Os concorrentes estão a simplificar ou a ignorar o fenómeno da complexidade.

Os consumidores não desgostam da complexidade por si só – querem obter o produto ou serviço que se aproxime mais das suas necessidades e orçamento. É a frustração de não conseguirem tirar vantagem das ofertas complexas que os obriga a fazer escolhas fracas (e geralmente de baixo preço) ou que os afasta de todo.

Alguns afirmam que a complexidade é inimiga do sucesso na sua categoria.

Eu digo-lhe para amar o seu inimigo.

LARGURA DE BANDA INFINITA

Tenho verificado que, nos últimos anos, as empresas raramente têm falta de oportunidades para investir em tecnologias de informação (TI) que melhorem o seu negócio. E de facto melhoraram. Fizeram *outsourcing* de *call centers* para países como a Índia ou a China e conseguiram enormes poupanças. Investiram em tecnologias de gestão da relação com o cliente e conquistaram valiosas informações de quem são os clientes mais rentáveis e de como manter a sua fidelidade. Reformularam os *websites* para estar na linha da frente em termos de *design* e funcionalidade, e atraíram mais e melhores clientes, enquanto conseguiram informações adicionais das suas necessidades. E têm vindo a fazer *outsourcing* de grandes processos de negócio, como a gestão da política de recursos humanos e vendedores que tratam desses processos num *website* central – conquistando novas eficiências para a sua empresa.

Mesmo tendo as empresas gerado benefícios importantes através destes investimentos, as oportunidades entusiasmantes de investir em TI continuam a surgir. Provavelmente já está a ser bombardeado com todo o tipo de dispositivos da Internet, incluindo um blogue do CEO, Web 2.0 e inovação distribuída (através da qual as empresas geram ideias para novas ofertas, com a ajuda de fornecedores e de clientes, através de blogues e de *sites* interactivos). E sabe que estas ferramentas serão, em breve, substituídas por outras ainda mais excepcionais.

A conjuntura emergente

É óbvio que as últimas inovações em TI têm vindo a gerar benefícios importantes para muitas empresas. Mas acredito que pode alargar a sua "lente" de TI para criar uma vantagem competitiva ainda mais forte para o seu negócio. Como? Pense em todas estas oportunidades entusiasmantes de TI como pertencentes a uma estrutura conceptual de alto nível: *a largura de banda infinita*. Num mundo de largura de banda infinita, as empresas recebem, sem qualquer esforço, a quantidade de informação que querem, na forma que pretendem, a qualquer hora e lugar e a custo zero.

Neste mundo, as organizações que sabem como tirar partido da largura de banda infinita são mais produtivas do que os seus concorrentes, encontram formas mais rentáveis e eficientes de conduzir o negócio, e até de criar novos negócios, enquanto os concorrentes se esforçam para as acompanhar. Estes intervenientes perseguem implacavelmente as oportunidades apresentadas pela largura de banda infinita para beneficiarem os seus clientes e accionistas, ao mesmo tempo que penalizam os concorrentes.

Um mundo de largura de banda infinita parece algo incrível, não é verdade? Mas não é uma fantasia. Este mundo está rapidamente a tomar conta de nós, à medida que o poder do processamento, armazenamento e análise de dados melhora acentuadamente e a largura de banda e as tecnologias sem fios evoluem. Há cerca de 20 anos, o *modem* de um portátil dificilmente conseguia concentrar 1200 *bits* por segundo numa linha telefónica. Hoje em dia, os portáteis de gama mais baixa vêm de raiz com *modems* de 115 mil *bits* por segundo. Os progressos nas redes actuais – com e sem fios – excedem largamente esta mudança na capacidade, bem como muitas outras características da década passada. Estas capacidades emergentes representam praticamente melhorias infinitas em relação às anteriores tecnologias.

Contudo, há muitos executivos que ainda não acompanham o ritmo desta revolução. Alguns ainda não identificaram maneiras de utilizar os avanços na tecnologia, de forma a criar vantagem competitiva e permitir novas oportunidades estratégicas. Outros, ao ouvirem falar tanto dos grandes problemas das empresas tecnológicas e do pouco conhecimento dos consumidores sobre telefonia 2,5G e 3G, deram menor importância às últimas proezas tecnológicas. Outros ainda vêem as novas tecnologias meramente como instrumentos com utilidade para gerir as tarefas do dia-a-dia, como interromper reuniões para dizer boa-noite aos filhos através das câmaras dos seus telemóveis.

Estes executivos ignoram, por sua conta e risco, a promessa da revolução da largura de banda. Deviam avaliar cuidadosamente as muitas soluções tecnológicas cativantes que estão a ser publicitadas actualmente no contexto de um mundo de largura de banda infinita. E deviam interrogar-se: "O que pode a largura de banda infinita fazer pela minha empresa? Quais destes novos aparelhos e sistemas me podem ajudar a obter os benefícios oferecidos pela largura de banda infinita? Quais me permitem desenvolver estratégias para fazer melhor do que os meus concorrentes?"

A revolução da largura de banda é semelhante à revolução da Internet de há apenas alguns anos. Nessa altura, a Internet revelou oportunidades novas e radicais no mundo *business-to-consumer* (B2C)[*]. Muito do entusiasmo com a Internet focalizava-se no consumidor e as suas utilizações para *business-to-business* passavam despercebidas. Só mais tarde, depois de a bolha de B2C rebentar, se tornaram evidentes as oportunidades *business-to-business* (B2B) apresentadas pela Internet. Hoje em dia, está a acontecer o mesmo com a largura de banda infinita. Os líderes de negócios, distraídos pelas aplicações

---

[*] **N. T.** Refere-se a negócios entre empresas e consumidores, em contraste com *business-to-business* (B2B), que se refere a negócios entre empresas.

sociais e de consumo que os avanços tecnológicos introduziram, estão a prestar pouca atenção às novas oportunidades comerciais.

Há muito valor na área do B2B à espera de ser localizado e utilizado para vantagem competitiva. Como irá a sua empresa reclamar este valor antes dos seus concorrentes? No resto deste livro, forneço alguns pensamentos acerca deste assunto e várias possibilidades de acção.

As implicações

Acredito que existem três etapas cada vez mais fortes que as empresas podem percorrer para começar a utilizar a largura de banda infinita de modo a criar vantagem competitiva:

Oportunidade 1: Procurar a eficiência e a produtividade operacional

As novas tecnologias de informação podem ajudá-lo a melhorar a eficiência e a produtividade operacional por toda a empresa. Os exemplos incluem *e-mail* acessível a todos, acesso sem fios aos dados da sua empresa, gestão em rede da sua força de vendas e assistentes pessoais digitais de rede de área local (LAN/PDA*).

Por exemplo, um grande retalhista instalou LAN/PDA sem fios na sua rede de lojas. Os colaboradores utilizavam-nos para inserir informações de venda e controlar os produtos nas prateleiras, de modo a melhorar a exactidão do inventário e a reordenação e arrumação atempada de *stocks*. Ao colocar estes instrumentos nas mãos de mais de 15 mil colaboradores em mais de 800 lojas, o retalhista conseguiu estabelecer e controlar os seus preços com base nas existências reais, em vez de realizar campanhas promocionais semanais. Conseguiu

---

* **N. T.** Refere-se à designação em inglês *Local-Area-Network/Personal Digital Assistants*.

também identificar e dar resposta imediata a rupturas de *stock* iminentes. Qual a recompensa para a empresa? Aumentos significativos das vendas por loja, globais, por colaborador e por metro quadrado.

Outras organizações fizeram investimentos semelhantes – e obtiveram resultados semelhantes. Por exemplo, uma empresa de reparação de electrodomésticos equipou os seus técnicos com aparelhos que tornam mais fácil identificar qual o tipo de técnico mais apropriado para dar resposta a uma determinada reparação ou chamada de serviço. A mesma tecnologia permitiu aos técnicos guardar os instrumentos adequados nas carrinhas, na noite anterior ao serviço, acompanhar o seu ritmo de trabalho e fazer ajustamentos nos horários de chamada, de forma a manter os clientes satisfeitos. Graças a este uso inteligente da tecnologia, a produtividade dos técnicos, medida pelo número de serviços finalizados num dia, melhorou.

É claro que qualquer aumento na eficiência e na produtividade operacional melhora a rentabilidade e justifica o investimento em tecnologia. Mas estas alterações não oferecem às empresas uma vantagem competitiva sustentável. As empresas concorrentes podem comprar soluções semelhantes, aos mesmos vendedores, e igualar rapidamente os ganhos das primeiras. O valor criado por qualquer melhoria obtida por utilizações deste género da tecnologia irá dissipar-se através de cortes nos preços e de assistência mais em conta.

Procurar eficiência e produtividade operacional é francamente positivo, mas precisa de fazer mais se quiser retirar maior valor estratégico e resultados da largura de banda infinita.

Oportunidade 2: Criar novos modelos de negócios

À medida que se dá mais atenção ao mundo da largura de banda infinita, terá mais oportunidades de conceber novos modelos de negócios com base na facilidade de transferência de informação. Será capaz de movimentar dados de forma rápida por toda a organização e de trocar informação com clientes e fornecedores a velocidades nunca antes vistas. Irá encaminhar a informação de clientes e equipamento directamente para os gestores de produto, colaboradores do serviço pós-venda e engenheiros de *design* e de produção, que, em conjunto, irão utilizar as novas informações para melhorar o seu desempenho em tempo real.

Por exemplo, em vez de levarem meses a introduzir uma nova peça de equipamento segundo especificações operacionais, os seus colaboradores irão passar a cumprir essa tarefa em semanas. E assim que o cliente estiver a utilizar o equipamento, a sua empresa irá fornecer-lhe facilmente assistência pós-venda permanente. À primeira vista, isto parece simplesmente um aumento na eficiência do serviço. Mas, na realidade, representa um novo modelo de negócios. Através de uma nova utilização da tecnologia, um dos nossos clientes em França foi capaz de alargar o papel da sua equipa de assistência para incluir apoio permanente às vendas. Isto permitiu libertar parte da força de vendas para a conquista de novos negócios, enquanto os colaboradores da assistência se concentravam nos já existentes.

Os novos modelos de negócios irão permitir-lhe a criação de uma maior vantagem competitiva estratégica sustentável do que a que consegue conquistar através da simples melhoria da eficiência e produtividade operacional. Mas apenas se for o primeiro a movimentar-se e se souber utilizar as tecnologias de informação de formas inovadoras que os concorrentes não consigam copiar.

No Japão, a Coca-Cola Company e os seus engarrafadores têm uma das maiores redes mundiais de máquinas de venda automática. Estas máquinas oferecem uma variedade de produtos muito maior do que na América do Norte. Para além dos produtos gaseificados, disponibilizam misturas de cafés e bebidas energéticas em lata. Como poderá imaginar, manter estas máquinas atestadas é um desafio, porque os padrões de consumo variam conforme a localização da máquina, o tipo de produto, a altura do dia e a estação do ano.

Para ultrapassar esta dificuldade, a Coca-Cola equipou estas máquinas com tecnologias que lhes permitia transmitir as existências aos engarrafadores, que, por sua vez, podiam despachar camiões para as reabastecer com o produto que estava quase a esgotar. Mais tarde, a Coca-Cola instalou tecnologia que monitorizava a temperatura e a altura do dia em que os consumidores compravam determinados produtos destas máquinas, localizadas em sítios diferentes. A empresa começou a variar os preços com base nas suas avaliações do que o mercado suportaria nestes locais e sob condições ambientais específicas. Por exemplo, cobrava preços mais altos nas máquinas que vendiam mais bebidas frescas nos dias de sol e de calor.

A Coca-Cola instalou também tecnologia para permitir que os consumidores pagassem as suas compras em máquinas de venda automática através dos seus telemóveis. No Japão, as pessoas utilizam o telemóvel não apenas para conversar, mas também para participar em salas de *chat*, jogar, pesquisar na Internet – e pagar por uma grande variedade de artigos, incluindo táxis. Ao equipar as máquinas de venda automática com a possibilidade de pagamento via telemóvel, a Coca-Cola ofereceu uma maior conveniência e fez disparar as vendas destas máquinas. E com a informação recolhida através das compras por telemóvel sobre que consumidores escolhiam determinados produtos, a empresa começou a testar programas de fidelidade.

A Coca-Cola aumentou primeiro a sua vantagem competitiva ao instalar funcionalidades de comunicação nas máquinas de venda automática antes de os concorrentes o fazerem e ao atingir uma nova eficiência operacional. Mas a empresa criou uma vantagem mais sustentável ao utilizar a sua rede de máquinas de formas que os concorrentes não podiam imitar facilmente. Por outras palavras, desenvolveu um novo modelo de negócios quando ajustou da melhor forma o conjunto de produtos e preços da máquina de venda automática com base nas condições locais e no conhecimento dos clientes. Não foi a tecnologia utilizada pela Coca-Cola que ofereceu a vantagem competitiva; foi a forma como a empresa utilizou a tecnologia.

Oportunidade 3: Desenvolver novos negócios

Apesar dos muitos benefícios que se conquistam ao desenvolver novos modelos de negócios com base na tecnologia, pode retirar ainda mais valor estratégico ao criar negócios de raiz que aproveitem os benefícios da largura de banda infinita. Graças a esta, as empresas já não precisam de informação para acompanhar fisicamente o fluxo de bens materiais. E podem chegar a um número sem precedentes de intervenientes, em qualquer sítio, a qualquer hora – com as novas tecnologias. Estes desenvolvimentos criaram as fundações para negócios completamente novos.

Considere a indústria da imagiologia médica, incluindo a radiologia. Hoje em dia, grande parte do que constitui a radiologia – captura de imagens, apresentação visual, interpretação e consulta médica – ocorre dentro das paredes do hospital, a custo elevado, quer para os fornecedores de cuidados de saúde, quer para os utentes. O equipamento de imagem é caro de comprar, operar e manter. Os serviços dos radiologistas que interpretam os raios-X são igualmente dispendiosos. E podem ocorrer grandes esperas se não houver radiologistas suficientes em determinado hospital, hora e local para processar as imagens que requerem interpretação, forçando os doentes e os seus médicos a esperar até receberem os resultados.

A GE HealthCare dispôs-se a melhorar esta situação. O seu objectivo inicial foi diminuir o custo de manter o seu equipamento de imagiologia médica em funcionamento. A empresa combateu agressivamente estes custos com tecnologia de diagnóstico remoto. Antes da utilização do diagnóstico remoto, os fornecedores de equipamentos enviavam os técnicos para manutenção agendada, caso surgissem problemas: quando uma máquina deixava de funcionar correctamente, o hospital notificava a GE, que enviava um técnico ao centro médico para reparar o equipamento.

Hoje, a GE utiliza sensores remotos e ligações de comunicação que alertam a empresa não só para problemas de equipamento, mas também para uma necessidade iminente de revisão da máquina. Baseada no que mostram os sensores sobre padrões de uso de determinada peça do equipamento, a GE pode conceber horários de manutenção apropriados para cada máquina. Por exemplo, as máquinas com maior utilização exigem maior assistência. Com a manutenção preventiva possibilitada pelos sensores, a GE atingiu o objectivo de redução dos custos – para si e para os clientes – de manter o equipamento a funcionar. A GE HealthCare oferece igualmente ferramentas que permitem aos engenheiros monitorizar remotamente funcionalidades essenciais, detectar problemas que surjam e efectuar reparações, antes mesmo de os clientes verificarem que existem problemas.

Esta utilização da tecnologia ajudou a GE a melhorar a sua eficiência operacional. Mas os concorrentes começaram também a utilizar o diagnóstico remoto, o que ameaçou anular as vantagens que a GE tinha conquistado. Foi por isso que a GE foi mais longe e desenvolveu novos negócios que aproveitam a largura de banda infinita e ofereceram à empresa uma maior vantagem sustentável.

A interpretação de imagens médicas é disso um exemplo. No mundo actual de largura de banda infinita, os radiologistas não precisam de estar situados onde a imagem é criada, ou mesmo no hospital onde se encontra o equipamento, os doentes e os médicos.

Os raios-X de uma mulher com uma doença grave em Elmira, Nova Iorque, podem ser interpretados por um radiologista no Hospital Geral de Boston, em Massachusetts, desde que este tenha acesso à tecnologia que lhe permite receber e visualizar uma versão digital das imagens. Um médico pode ter várias razões para querer que um radiologista noutro local interprete os raios-X dos doentes. Por exemplo, talvez os radiologistas do seu hospital estejam a trabalhar com atrasos e a criar adiamentos inaceitáveis na interpretação dos exames. Ou talvez os problemas de um doente requeiram a opinião de um radiologista especializado em determinada área. A ligação entre as imagens médicas e os radiologistas remotos pode ser rapidamente organizada por um centro avançado de análise de imagem – um negócio completamente novo. Mais novos negócios podem surgir desta utilização da tecnologia: desenvolvimento de aplicações; investimento em redes; recolha, gestão e distribuição de dados; gestão da assistência a equipamentos; e *merchandising* de informação a investigadores e fornecedores de produtos e serviços médicos.

Estes novos negócios prometem não só diminuir acentuadamente os custos de forma eficaz, mas também melhorar a qualidade da imagiologia médica. Primeiro, os diagnósticos remotos irão acabar por melhorar a precisão da interpretação de imagem; ao serem trazidos *on-line* os melhores médicos para os problemas que estão a ser diagnosticados, a precisão média das interpretações vai aumentar. Segundo, como os investigadores recolhem o historial médico dos doentes, as competências globais de diagnóstico melhoram. Além disso, as organizações que tiverem a rede mais forte de radiologistas, especialistas e médicos com maior disponibilidade, e mais informação, obtêm uma vantagem, pois os clientes (hospitais) ficam relutantes em mudar de rede.

Ao explorarem estas oportunidades – procurar eficiência e produtividade operacional, criar novos modelos de negócios e desenvolver outros de raiz – empresas como a GE e a Coca-Cola beneficiam tanto como os próprios clientes. A eficiência e a produtividade operacional permitem às empresas fazer o mesmo mas de forma menos dispendiosa do que antes, o que também se traduz em poupanças para os clientes. Através de novos modelos de negócios, as organizações fazem o mesmo que actualmente, mas com pormenores considerados atractivos para os clientes (como pagar com cartão de crédito numa máquina de venda automática). E através de novos negócios, as empresas oferecem novas formas de valor aos clientes para além (ou em vez) do que já estão a fornecer (como interpretação de imagiologia médica).

Os desafios e a oportunidade

Pode estar neste preciso momento a interrogar-se: "Se a largura de banda infinita é tão fantástica, por que motivo não ouvimos falar mais sobre ela?" Eu e os meus colegas fizemos a mesma pergunta. Para encontrar respostas, efectuámos um conjunto de entrevistas com fornecedores de equipamentos e serviços e os seus clientes – geralmente negócios. Falámos com pessoas de mais de 60 empresas na América do Norte, Europa e Japão e perguntámos se consideravam a largura de banda infinita com potencial valor para os seus negócios e para os negócios dos seus clientes. Os fornecedores eram de várias indústrias, incluindo telecomunicações, sem fios e de substituição, e electrónica diversificada. As suas empresas clientes pertenciam também a um leque alargado de indústrias, tais como banca de investimento, construção civil, cuidados de saúde, hotelaria, logística de aeroportos, bens de grande consumo e farmacêuticas. Outras indústrias clientes incluíam os transportes, as minas, as viagens e as *utilities*[*].

Quase todos os executivos que entrevistámos viam a largura de banda infinita como especialmente importante em indústrias caracterizadas pela mobilidade e distância de pessoal, equipamento ou mercadorias; dependência ou dispersão da inteligência da empresa; e natureza efémera ou dinâmica da informação. Muitos eram capazes de

---

[*] **N. T.** Empresas de fornecimento de serviços básicos, nomeadamente água e electricidade.

ver o potencial de redução de custos e melhorias na produtividade, bem como aumentos incrementais nas vendas de produtos e serviços existentes. Mas poucos articularam o potencial para novos modelos de negócios, ou negócios de raiz, que gozariam da quantidade de informação que quisessem, sob qualquer forma, a qualquer hora e lugar, a custo zero.

Acrescente-se que muitos dos nossos entrevistados expressaram preocupações com as tecnologias que oferecem largura de banda infinita. Por exemplo, um executivo numa empresa industrial japonesa afirmou: "Instalámos um LAN sem fios no nosso armazém sem avaliar o impacto. Temos agora mais etapas do que anteriormente." Um director de parques temáticos disse: "Não estamos a adoptar tecnologias sem fios porque acreditamos que a tecnologia vai ser ultrapassada." E um director do serviço de reclamações numa seguradora explicou: "Estamos agora a alterar os nossos processos de reclamações pela segunda vez para recuperar o investimento [em tecnologia]."

Em resumo, a maior parte dos nossos entrevistados – tanto os fornecedores como os seus clientes – mostraram preocupações em adoptar novas tecnologias, não testadas. Tinham receio que as tecnologias não estivessem disponíveis num único fornecedor seguro; não correspondessem à promessa de um novo modelo de negócios e ainda menos de novos negócios; e que se tornassem obsoletas antes de os negócios recuperarem os seus investimentos.

Além disso, muitos dos executivos com quem falámos subestimaram constantemente o potencial económico e estratégico da largura de banda infinita. Para alguns, a promessa de novos modelos de negócios, ou novos negócios, é tão difícil de quantificar que não vislumbram uma forma de desenvolver um negócio considerável através da utilização dessas tecnologias. Sinto que as pessoas estão a observar e a esperar para ver o que acontece na linha da frente da largura de banda infinita.

Que oportunidade, para uma empresa pioneira como a sua, de criar vantagem competitiva e desenvolver novas estratégias de crescimento!

Linhas de acção

Como utilizar da melhor forma possível a largura de banda infinita para se posicionar à frente da concorrência – e manter a liderança? Recomendo uma análise do seu portfólio de negócios de modo a identificar aqueles que beneficiariam das novas tecnologias de informação. Estes empreendimentos irão provavelmente ter modelos de negócios suportados por custos elevados. São intensivos a nível de trabalho e baseiam-se em "trabalho no terreno". Os vendedores recolhem informação sobre os actuais e potenciais clientes, ajudam a fazer as melhores escolhas para as suas compras e acompanham-nas para tornar os clientes felizes. Os exemplos – para nomear alguns – incluem fornecedores de equipamento electrónico e sistemas informáticos para clientes empresariais, equipamento e químicos de limpeza para a indústria alimentar.

As empresas que "trabalham no terreno" encontram-se onde a largura de banda infinita pode ajudar primeiro a atingir a eficiência operacional e, depois, a desenvolver modelos de negócios inovadores e talvez até a criar novos negócios. Quanto mais um empreendimento do seu portfólio depender de informação de onde se sentem as necessidades (especialmente interacção entre a empresa e os clientes), maior o potencial de a largura de banda infinita fazer a diferença.

Para usufruir ao máximo da largura de banda infinita, recomendo que aprenda alguma coisa sobre os seus clientes. Através de acompanhamentos nas compras e de entrevistas, descubra como obtêm a informação de que precisam. Por exemplo, que questões as suas equipas de vendas e os clientes fazem entre si? E de que forma os clientes procuram fornecedores? (Lêem a imprensa de negócios? Procuram na Internet? Pedem referências aos colegas?) Determine também como os clientes utilizam a informação. Por exemplo, com que critério comparam vários fornecedores? Como fazem trocas? Como determinam a quantidade de tempo que estão dispostos a despender na relação com um fornecedor? Como utilizam a informação para tomar decisões de compra? Compram uma coisa para obter outra – como comprar um camarote exterior num evento desportivo não pela vista ou pelos *snacks*, mas pela oportunidade de conter um grupo de crianças em segurança?

Interrogue-se depois quantas partes da sua organização poderiam utilizar largura de banda infinita para fornecer a informação que os clientes querem – em tempo real – e ajudá-los com a informação de que precisam. Por exemplo, numa companhia de seguros, uma parte da organização fornece informação sobre mortalidade para fixar preços a clientes que procuram apólices de seguro de vida. O departamento de *marketing* cria perfis de consumidor e o departamento de cobranças avalia a capacidade de crédito dos clientes.

Também sugiro olhar para as atitudes em relação à largura de banda infinita na sua empresa. Este novo mundo está a chegar e terá implicações na sua indústria e na sua empresa. Algumas das tecnologias necessárias no futuro já existem; outras aparecerão em breve. Para conquistar a vantagem estratégica real (para além da mera eficiência operacional) que a largura de banda infinita torna possível, todos na sua organização têm de trabalhar em conjunto e de novas formas.

Por exemplo, o *marketing* e as vendas têm de colocar ao departamento de logística e de produção questões como: "O cliente A quer trocar os 12 pacotes recebidos semanalmente por oito pacotes dia sim, dia não. O que é preciso mudar nas funções de todos para dar resposta a esta nova necessidade do cliente? O que nos está a impedir de fazer estas mudanças? Que novos movimentos podemos testar para melhorar a experiência do cliente junto da nossa empresa?"

Para ser franco, a sua equipa de executivos tem de reunir novos níveis de audácia nunca antes vistos em organizações já estabelecidas e de sucesso. Desafio-o a reunir os profissionais mais capazes para pensar melhor e mais longe sobre como a largura de banda infinita pode ajudar a sua empresa a manter a distância em relação aos concorrentes – agora e no futuro. O potencial de melhoria de rentabilidade, crescimento sustentado e vantagem competitiva que a largura de banda infinita pode oferecer será muito importante para ser ignorado.

CONCLUSÃO: O PRAZO MAIS LONGO

Em resumo, são estas as cinco estratégias para o futuro sobre as quais tem de reflectir profundamente neste preciso momento. Mas nunca é demasiado cedo para se debruçar sobre as pastas abertas e ver que estratégias merecem, pelo menos, algum do seu tempo e atenção no futuro próximo.

Tal como referi na introdução, as estratégias cabem em três categorias:

1. **Sinais vagos:** temas que, provavelmente, se tornarão estratégias mas que, até agora, mostraram apenas poucos sinais e muito ténues. Ainda precisam de muito desenvolvimento.

2. **Lista a ter em atenção:** potenciais estratégias onde as fontes de vantagem competitiva não são completamente evidentes.

3. **Alucinações:** temas provocadores que estão tão distantes que podem nunca se materializar ou, pelo menos, não nesta vida.

Sinais vagos

Considere alguns dos cenários que se seguem, exemplos de estratégias que actualmente não passam de sinais vagos.

Computação universal

Imagine um futuro em que o poder computacional está omnipresente e facilmente interligado – não apenas uma rede de computadores, mas uma ligação de toda a tecnologia que encontramos na vida do dia-a-dia. É este o mundo da computação universal, no qual os computadores se adaptam aos humanos em vez de serem os humanos a adaptarem-se aos computadores.

A computação universal fornecerá uma interface entre humanos e sistemas computacionais que irá operar por detrás da actividade humana regular. Irá basear-se em sensores, processadores e dispositivos de armazenamento que, inseridos nos objectos que se utilizam na vida pessoal e profissional, irão permitir que estes assumam as características dos aparelhos computacionais.

Tal como a largura de banda infinita, a computação universal será adoptada por etapas. Primeiro, surgirão alterações menores e de adaptação aos processos existentes, como monitores remotos ao serviço da saúde e pagamentos mais rápidos nas lojas mediante a utilização de carteiras virtuais. Depois, aparecerão novos processos e modelos de negócios, como máquinas que programam a própria manutenção e armazéns que fazem novas encomendas do *stock* de forma automática.

Irão surgir então os modelos de negócios de próxima geração. Pense nos aparelhos integrados que poderão diagnosticar o estado de saúde de um doente e oferecer o tratamento adequado, sem intervenção humana. Ou nos desenhos electrónicos de arquitectura que poderão gerir os prazos de construção.

Os aparelhos vão tornar-se "inteligentes". Os PDA, telemóveis e outros equipamentos móveis irão conhecer as preferências dos seus proprietários e identificar-lhes produtos de interesse enquanto estes fazem as suas compras. Os automóveis inteligentes dirão aos seus condutores como encontrar a bomba de gasolina mais próxima. Os computadores irão "compreender" os seus utilizadores sem precisarem de instruções explícitas na linguagem da máquina.

Em última análise, os computadores serão introduzidos por detrás das actividades humanas.

Ainda está para ser demonstrada a forma como as empresas podem criar vantagem competitiva através da computação universal. Actualmente, os *chips* RFID* são o que de mais próximo existe da computação universal. No entanto, mesmo com potencial para revolucionar o desempenho de uma cadeia de abastecimento, ainda não influenciaram qualquer estratégia empresarial. As equipas de gestão já têm dificuldade em lidar com a largura de banda infinita. A computação universal representa um desafio ainda maior.

Concorrência na cadeia de abastecimento

Se a desvantagem competitiva elementar, para um concorrente que se abastece na Ásia, são os mais de nove mil quilómetros de oceano entre este continente e os mercados norte-americanos ou europeus, a demonstração mais importante de capacidade de uma cadeia de abastecimento é suportar preços à consignação. As empresas que atingem a excelência de *benchmark* no desempenho das cadeias de abastecimento dentro das suas indústrias são capazes de competir de novas formas. Com *benchmark* refiro-me ao facto de o ciclo, desde a encomenda à entrega, ser 2,5 a três vezes mais rápido do que o dos seus concorrentes.

Com este tipo de vantagem, que se traduz na rapidez da entrega, estes fornecedores podem pedir aos seus clientes que paguem pelas

---

* **N. T.** Sigla correspondente a *Radio-Frequency IDentification* que, em português, significa Identificação por Radiofrequência. Trata-se de um método de identificação automática através de sinais de rádio, recuperando e armazenando dados remotamente através de dispositivos que podem ser colocados em pessoas, animais, equipamentos, embalagens ou produtos.

mercadorias recebidas somente após terem sido utilizadas ou vendidas aos clientes da etapa seguinte. Isto altera de forma acentuada a economia dos clientes destes fornecedores e aumenta o respectivo custo de se mudar para outros fornecedores que não façam entregas tão rápidas e seguras.

Para os fornecedores a operar em categorias em que têm a concorrência de empresas que se abastecem no exterior a baixo custo, a vantagem obtida pela velocidade da entrega pode anular a do custo inferior. As empresas que se baseiam na importação de bens precisam de suportar custos de transporte e riscos que o concorrente mais rápido não tem.

Concorrente virtual

Numa economia de cadeias de valor integradas, a vantagem competitiva é um jogo de médias.

Considere os custos. Se os custos agregados de uma empresa são competitivos, torna-se desnecessário ter uma vantagem de custo em todas as etapas da cadeia; estas são encaradas no seu conjunto. Se uma etapa é muito vantajosa, através de um material ou componente a baixo custo, não interessa que outras etapas tenham desvantagens porque acabam por ficar escondidas na média. Mas, à medida que as empresas desconstroem as suas cadeias de valor em segmentos, camadas e mercados distintos, a vantagem da média perde importância. O que passa a contar é a vantagem em cada parte individual da cadeia de valor.

O concorrente virtual não liga à média como vantagem competitiva. Procura a fonte mais vantajosa em cada etapa da cadeia de valor e passa a deter a etapa ou a contratá-la a um fornecedor.

Não ligar à média pode ser positivo ou negativo, uma oportunidade ou uma ameaça, dependendo da sua perspectiva. Significa que as empresas já não se podem dar ao luxo de subsidiar o fraco desempenho de uma actividade através da sua combinação com os pontos fortes das outras.

Mas relativizar a média oferece também às empresas a oportunidade de deixarem de diluir o forte desempenho numa actividade através da ligação a outras cujo desempenho não é tão bom. O ser-se fraco em determinada actividade pode tornar-se um óbvio ponto fraco, mas o ser-se forte pode tornar-se um activo competitivo decisivo.

Desde sempre que as empresas têm sido capazes de colocar em *outsourcing* actividades que não são eficientes em termos de custos. De facto tem existido uma clara tendência para o *outsourcing* por razões de custos. Mas a desconstrução vai para além do custo e das actividades vistas, tradicionalmente, como candidatas a *outsourcing*. Os concorrentes virtuais apresentam uma separação de actividades sem precedentes, incluindo algumas que as empresas vêem como centrais à sua identidade. Deita abaixo as estruturas tradicionais das indústrias, destrói os velhos negócios e cria novos de raiz.

Lista a ter em atenção

As minhas pastas contêm duas possíveis estratégias futuras que aguardam mais provas do seu potencial de criação de vantagem competitiva.

Redes competitivas

Desde há muito que estabelecer redes tem sido um assunto de discussão polémico, mas considerado como "tendo interesse" – intrigante de se aprender, mas difícil quando implica a entrega de uma vantagem competitiva.

Contudo, nos últimos dois anos reuni provas suficientes de que estou quase pronto para mudar as redes para a pasta das "estratégias urgentes para o futuro". Grandes farmacêuticas como a Merck estão a utilizar as redes para acelerar a inovação. Fabricantes de automóveis como a Toyota usam-nas para responder mais rapidamente às alterações nas condições negociais. As empresas inteligentes de *private equity*, incluindo a Blackstone e a KKR, estão a organizar as suas ofertas de fusão e aquisição mais rapidamente do que as suas concorrentes através de redes competitivas.

Chamo-lhes redes competitivas não apenas porque podem criar vantagens, mas também porque são de difícil acesso e reprodução por parte da concorrência, o que as torna ainda mais valiosas.

O caso que realmente me convenceu não pareceu no início envolver uma rede competitiva mas, após análise detalhada, foi um dos mais importantes com que me deparei. Em 1997, um dos fornecedores-chave da Toyota, a Aisin Seiki, sofreu um terrível incêndio na sua principal fábrica, na qual era produzida uma válvula utilizada em todas as viaturas da Toyota. Esta empresa era responsável por 99 por cento do fornecimento daquele tipo de válvulas à Toyota. Esta tinha menos de um dia de *stock* dessas válvulas e o corte no fornecimento poderia ter significado o encerramento das fábricas durante vários meses.[4] Mas a fantástica rede da Toyota entrou em acção. Uma equipa de emergência, constituída por pessoal da fábrica da Aisin Seiki, da Toyota, de outros fornecedores de equipamentos e fabricantes de componentes (operavam todos em rede há anos), reuniu-se rapidamente para atacar o problema da interrupção da produção.

A equipa montou linhas de produção em 62 locais e atribuiu responsabilidades de inspecção e distribuição. No espaço de 85 horas, estava a ser entregue a primeira produção de válvulas de qualidade. Cerca de duas semanas após o incêndio, a cadeia de abastecimento completa regressava à produção total. A própria fábrica foi reconstruída e posta a funcionar na sua plena capacidade em cinco meses, um feito sem precedentes.

Os fabricantes sem o tipo de rede competitiva que a Toyota tem cultivado ao longo do tempo sentiram, de longe, mais dificuldades em recuperar de catástrofes de proporções semelhantes. Em 1991, uma explosão em Romeo, no Michigan, numa fábrica da TRW – uma das maiores produtoras de *air bags* da América do Norte – interrompeu a produção. A TRW não foi capaz de restabelecer a produção em Romeo e, um ano mais tarde, as instalações foram encerradas. A empresa saiu muito penalizada com esta perda da produção e a quebra nas relações com os clientes.

Pode parecer difícil passar do problema de restabelecer a produção depois de um incêndio para a situação de criação de uma inabalável vantagem competitiva para a sua empresa. No entanto, pense da seguinte forma: a rede em que a Toyota se baseou nesta emergência é a mesma que lhe permite conseguir elevada qualidade e baixos custos no dia-a-dia. É a mesma rede que lhe permite a entrada de novos produtos e melhorias nos existentes, de forma rápida e segura. É a rede que tem possibilitado à Toyota uma caminhada estável para se tornar a fabricante de automóveis número um do mundo, em volume de produção e rentabilidade (numa base mensal, tornou-se a número um no Verão de 2008). E é esta rede que está a permitir à Toyota conseguir uma vantagem competitiva sobre os seus concorrentes.

Open source

Os conceitos de negócios como o Linux são emocionantes, pois são aplicados recursos quase ilimitados no desenvolvimento da capacidade de *software*. O próprio *software* é disponibilizado sem custos a quem o queira utilizar. Um grande fornecedor de sistemas informáticos defende publicamente que a vantagem do Linux é que, por cada dólar que gasta em Linux, são gastos quatro dólares por outras empresas para mais avanços no *software*.

Quase todos os exemplos de *open source* são sobre oportunidades para desfazer e até destruir os modelos de negócios existentes. Actualmente, não há uma visão de como as empresas irão ter lucro no novo mundo que está para além da disrupção. Em vez disso, espera-se que queiramos "tomar as ruas" às tropas ocupantes das empresas existentes. O poder às pessoas!

Para o *open source* se tornar um conceito de negócio sustentável, tem de se demonstrar como é que será criada e mantida uma vantagem competitiva. Talvez a Red Hat o esteja a fazer. O modelo da Red Hat é ser um interveniente central na agitação da cadeia de abastecimento do Linux, ao distinguir-se dos outros pela sua capacidade de oferecer assistência pós-venda. Contudo, neste momento a vantagem competitiva da Red Hat tem origem numa fonte mais convencional – a assistência – em vez de na própria promessa de *open source*.

Temos de esperar para ver.

Alucinações

As alucinações resultam da prática de jogos mentais sobre possíveis fontes de vantagem competitiva que ainda não foram testadas em meios empresariais. Não é provável encontrar alucinações na *Harvard Business Review* porque não existem *case studies* para citar. Mas vale a pena reflectir sobre elas.

Capital a custo zero

Existem cada vez mais executivos de topo a queixarem-se do desafio de concorrer com empresas que se comportam como se o seu capital fosse gratuito e ilimitado. Hoje em dia, a maior parte destes concorrentes são de origem chinesa, mas temos ouvido queixas acerca de empresas de outros países, incluindo dos Emirados Árabes Unidos.

Estas queixas não são novas. Já foram levantadas contra concorrentes da Coreia na década de 1990 e do Japão na década de 1980.

As respostas a estas queixas incluem: "não existe tal coisa como capital a custo zero"; "estão a calcular o custo do capital dos concorrentes de forma errada"; "é injusto"; e "isso significa apenas que tem de se tornar um concorrente mais eficiente". Nenhuma destas respostas conduz a uma acção.

O verdadeiro fundo da questão pode não ser de todo o custo do capital. Dizer "capital a custo zero" é talvez outra forma de confirmar que o horizonte de rendibilidade do investimento do seu concorrente é maior do que o seu. Se dois concorrentes têm o mesmo custo de capital, mas um tem um horizonte de rendibilidade de um ano e o outro de dez, vai parecer que o segundo se está a comportar como se o seu custo de capital fosse zero.

Será que existem razões fortes para o horizonte de rendibilidade do investimento de uma empresa ser menor do que o de um concorrente? Se sim, então a única opção é desfazer-se de activos: vender quota de mercado ou mesmo o negócio ao investidor com o horizonte de investimento mais longo.

Caso não existam fortes motivos para um horizonte de investimento mais curto, é preciso encontrar formas de fazer corresponder o respectivo horizonte ao custo de capital dos concorrentes. Há formas comprovadas para se fazer diminuir o custo de capital de uma empresa, incluindo: aumentar a dívida e reduzir dividendos para financiar o crescimento; acabar com as médias na estrutura de capital para fazer corresponder as estruturas das divisões por concorrente; financiar a empresa em determinadas bolsas de valores; assegurar que a produtividade do capital é muito maior do que a dos concorrentes ao aumentar a produtividade dos activos; desconstruir o negócio para colocar em *outsourcing* as partes intensivas a nível de capital; e obter melhorias acentuadas nas despesas de produtividade, tais como inovações para obter lucros.

É mais difícil fazer corresponder os prazos de rendibilidade do investimento. Para o fazer, talvez tenha de recorrer a meios privados, mas provavelmente não através de uma empresa de *private equity* (ou seja, empresas de *leveraged buyout*[*]). Independentemente do que estas empresas gostem de dizer, o seu dinheiro não é paciente.

É possível alterar o conjunto de investidores de uma empresa para se passar de uns cujo dinheiro é "quente" para outros cujo dinheiro é "paciente"? Isto provavelmente exige que se efectue o tipo de crescimento de activos e de rentabilidade que atrai o dinheiro paciente. Existem vários fundos comuns de dinheiro paciente. A estes pertencem os fundos de pensões que estão a competir com os *hedge funds* pelos ganhos actuais. Estão também à procura de resultados que sejam entregues em anos vindouros, para responderem ao prazo das obrigações das suas pensões futuras. Isto é feito, actualmente, com obrigações, imobiliário e investimento em infra-estruturas. Fariam o mesmo para a estratégia empresarial acertada?

---

[*] **N. T.** Transacção através da qual se adquire o controlo accionista de uma empresa, sendo uma parcela significativa do pagamento financiada através de dívida.

Gerir a incerteza

Pode uma empresa criar vantagem competitiva ao ser melhor do que as suas concorrentes a gerir a incerteza? No mundo caótico no qual a maior parte das empresas se movimenta, haverá oportunidade para se criar vantagem competitiva por antecipar melhor a incerteza e ter uma resposta mais rápida do que a concorrência? A resposta tem de ser "sim". Lembre-se do ditado "em terra de cegos, quem tem um olho é rei".

É realista a aspiração a ser-se melhor a antecipar a incerteza e mais ágil a dar-lhe resposta? Penso que sim. As empresas já o fazem, mas as pessoas não vêem o seu comportamento nessa perspectiva. A Southwest Airlines reduziu acentuadamente o impacto da incerteza nas operações com a padronização da sua frota, através do Boeing 737, com o objectivo de descarregar passageiros e mercadorias em 20 minutos, com as regras de trabalho flexível e com o modelo de horários sem escalas.

Nos próximos anos, as empresas de sucesso vão distinguir-se por gerirem a incerteza melhor do que os seus concorrentes. A melhor de todas irá *criar* incerteza que os concorrentes terão de combater. As que ficarem para trás sofrerão um custo elevado.

───── *Um pensamento final: encontrar sinais vagos* ─────

Sinto-me tentado a conduzi-lo pelo processo elaborado de identificar formas de provocar disrupções na sua indústria e no seu negócio. Para sermos bons em consultoria, precisamos de estruturas que assegurem aos clientes que trabalhar connosco é "seguro". Tal como as listas utilizadas pelos pilotos para evitar descuidos, antecipar problemas e proteger vidas.

Mas não o vou fazer (pelo menos não neste livro). Em vez disso, vou utilizar uma observação de um amigo, antigo colega no Boston Consulting Group (BCG), e director de informação na General Electric, Gary Reiner. Depois de estar na GE há mais de uma década, Gary disse-me que já não precisava de consultores – que a GE encontrava em outras empresas todas as coisas novas que podia aprender. Gary disse-me especificamente que os colaboradores da GE estão sempre em busca de empresas que crescem mais depressa e são mais rentáveis do que os seus concorrentes. Quando encontram uma, metem-se num jacto ou num helicóptero da frota da empresa e partem à procura de esclarecimentos, *benchmarking* e partilha das melhores práticas.

Eu e o meu colega Tom Hout efectuámos alguma pesquisa que nos demonstrou que Gary está, de facto, no melhor caminho (não que ele precise de mais um elogio para aumentar a sua autoconfiança). Começámos com uma análise da Harvard Business School sobre novas ideias e práticas de gestão introduzidas nos últimos 75 anos.[5] Actualizámo-la com informação obtida de várias outras fontes, incluindo investigações da *Fortune* e da *BusinessWeek*, bem como com as nossas próprias observações. Provavelmente não é muito científico, mas talvez seja essa a razão pela qual eu e Tom não somos académicos. Agrupámos as inovações em sete categorias: Liderança e Organização; Gestão de Pessoas; *Marketing* e Vendas; Tecnologia; Processos e Concorrência; Avaliação e Captação; e Desenvolvimento Empresarial e Finanças. No total, contámos 40 inovações apenas nos últimos 25 anos.

Destas 40 inovações, atribuímos mérito aos consultores por terem sido os primeiros a identificar sete; aos académicos por nove; e à indústria por 24! (Tenho de acrescentar que muitas das inovações na indústria tiveram a ajuda de observações pertinentes de consultores e académicos.) Portanto, a lição é que é provável que encontre estes sinais vagos de que falo no mundo à sua volta.

Localizamos padrões quando reflectimos sobre os executivos que parecem saber melhor como colocar-se à frente dos concorrentes.

Começam com "ferramentas", mas passam rapidamente para projectos e acções únicas. O processo é "animal": parte instintivo, parte intelectual, parte social. Um processo de desenvolvimento de estratégia eficiente fornece:

- Fontes de aprendizagem facilmente acessíveis.
- Mensagens que influenciam directamente a situação.
- Consultores que parecem capazes de ajudar agora.
- Experiência no local com empresas que estão a testar coisas novas e diferentes.

Os melhores executivos olham muito para além das suas indústrias e concorrentes para captarem conhecimento. Procuram vencedores noutras indústrias que podem ter descoberto novas formas de operar e competir, possíveis de ser transplantadas para a sua própria indústria, para grande confusão dos outros, e "plagiam" a ideia. Ou enfrentam uma anomalia, compreendem as suas implicações e utilizam o conhecimento adquirido de forma a conduzir o negócio para novos níveis de desempenho (pode ler mais acerca deste assunto no meu livro anterior, *Hardball*.[6])

Pelo caminho, vão ser capazes de captar os sinais vagos de um novo mundo quando estes se estão a formar. Depois, chega a parte difícil: ficam à espera para ver ou vêem e fazem os outros esperar?

NOTAS

1. Chris Zook, "Finding Your Next Core Business", *Harvard Business Review*, Abril de 2007, 75.
2. Kevin Maney, "Big Insurer Progressive Launched Its Trial, Dubbed TripSense, in Minnesota Last August", *USA Today*, 3 de Agosto de 2005.
3. Lara Williams, "Insurer Opens Up Pay-per-Drive", *Computing*, 12 de Outubro de 2006.
4. A *Harvard Business Review* fornece um excelente exemplo deste benefício (Philip Evans e Bob Wolf, "Collaboration Rules", *Harvard Business Review*, Julho de 2005, 96-105).
5. Suplemento da *Harvard Business Review*, Setembro-Outubro de 1997.
6. George Stalk e Rob Lachenauer, *Hardball: Are You Playing to Play or Playing to Win?* (Boston: Harvard Business School Press, 2004).

SOBRE OS AUTORES

George Stalk é *Senior Partner* e Director-Geral do The Boston Consulting Group (BCG). Foi consultor de uma grande variedade de empresas, líderes na produção de bens e serviços, por todo o mundo. Durante mais de uma década, George trabalhou e viveu no Japão, onde foi precursor na revelação das fontes da vantagem competitiva japonesa em termos de custos, qualidade e – mais importante – tempo, conduzindo à atitude pioneira do BCG, que utilizava o tempo como arma competitiva.

Entre 1998 e 2003, George liderou os esforços de inovação do BCG em todo o mundo – impulsos de financiamento e gestão de todos os aspectos da estratégia de comércio electrónico, inovação de preços e identificação e utilização de descontinuidades estratégicas. O seu trabalho trouxe esclarecimentos sobre a gestão de um conflito de canal, complexidade, utilização da largura de banda sem fios para criar vantagem competitiva, organização do comércio electrónico, *power by the hour* e estabelecimento de preços. Actualmente, trabalha na identificação das melhores formas de integrar as ameaças e as oportunidades que surgem da China nas estratégias competitivas dos clientes.

Foi co-autor de *Competing Against Time; Kaisha: The Japanese Corporation; Breaking Compromises; BCG Perspectives on Strategies;* e *Hardball.*

Vive com a mulher e seis filhos numa quinta, nos arredores de Toronto.

John Butman é autor e co-autor de várias obras, onde se incluem um *bestseller* do *New York Times, Real Boys: Rescuing Our Sons From the Myths of Boyhood;* um romance *bestseller* do *Boston Globe, Townie;* e um *bestseller* da *BusinessWeek, Trading Up: The American Luxury.*